Was Eltern falsch machen

Durch diese 7 Fehler stören Sie die positive Entwicklung Ihrer Kinder. Auswege aus dem Erziehungs-Chaos

Katharina Lowe

Dieses Werk einschließlich aller Inhalte ist urheberrechtlich geschützt. Alle Rechte und Übersetzungsrechte vorbehalten. Nachdruck oder Reproduktion (auch auszugsweise) in irgendeiner Form, sowie die Einspeicherung, Verarbeitung, Vervielfältigung und Verbreitung mit Hilfe elektronischer Systeme jeglicher Art, gesamt oder auszugsweise, sind ohne ausdrückliche schriftliche Genehmigung des Verlages untersagt. Alle Namen und Personen sind frei erfunden und Zusammenhänge mit real existierenden Personen sind rein zufällig. Alle Inhalte wurden unter größter Sorgfalt erarbeitet. Der Verlag und der Autor übernehmen jedoch keine Gewähr für die Aktualität, Korrektheit, Vollständigkeit und Qualität der bereitgestellten Informationen. Druckfehler und Falschinformationen können nicht vollständig ausgeschlossen werden.

Wichtig! Bevor Sie mit dem Lesen anfangen

Für eine begrenzte Zeit steht Ihnen ein kostenloses Bonusheft zum Download zur Verfügung. In diesem Bonusheft geht es um das „Attachment Parenting" - ein Erziehungsansatz, mit dem Sie die Bindung zu Ihrem Kind stärken können. Alle Informationen, wie Sie sich das Gratis-Bonusheft sichern können, finden Sie am Ende dieses Buches (zeitlich befristetes Angebot).

Inhalt

Einleitung vii
1   Fehler #1: Zu viel Angst 1
2   Fehler #2: Falsche Perfektion 15
3   Fehler #3: Ungleicher Vergleich 33
4   Fehler #4: Falsches Lob 53
5   Fehler #5: Offene Grenzen 69
6   Fehler #6: Unklare Kommunikation 83
7   Fehler #7: Fehlende Einbeziehung 97
8   Zusatzkapitel: 9 häufige Konfliktpunkte 113
Schlusswort 125
Gratis-Bonusheft 131
Quellen 133

Einleitung

Im Leben gibt es viele Herausforderungen zu meistern. Die einen begegnen dem Menschen früh im Leben, andere lassen sich Zeit – selten ist er wirklich darauf vorbereitet. Eine der größten Herausforderungen, die es anzunehmen gilt, ist ohne Frage das Elterndasein. Denn was gibt es Wichtigeres, als einem Menschen dabei zu helfen, eine eigenständige Person zu werden? Rein biologisch betrachtet ist es nichts Besonderes, Kinder in die Welt zu setzen. Selbst einzellige Organismen vermehren sich. Aber bei den Menschen ist die Verantwortung weitaus größer als schlichtweg Reproduktion und vielleicht auch noch der Lebenserhalt in den ersten Jahren nach der Geburt.

Das Handeln, das Denken, das gesamte Wesen der Eltern beeinflusst maßgeblich die Entwicklung ihrer Kinder. Unabhängig davon, welche Meinung man zum Thema Charakterausbildung und Persönlichkeitsentwicklung vertritt – es ist unumstritten, dass die Art der Erziehung ein Leben lang Teil eines Menschen bleibt.

Es ist also kein Wunder, dass die Kindererziehung seit Jahrhunderten Gegenstand hitziger Diskussionen ist. Es gibt immer wieder neue Ideen und frische Erkenntnisse. Bereits im Mutterleib wird die psychologische und physiologische Entwicklung von Kindern mit dem Vergrößerungsglas betrachtet. Es gibt ständig wechselnde Trends, die von militärischen Erziehungsregimes bis hin zum kompletten Verzicht auf erzieherische Maßnahmen reichen. Im Zeitalter der modernen Kommunikation sind Eltern ständig mit Do's und Dont's der Erziehung konfrontiert. Perfekte Familie zeigen auf Instagram und Co., wie man die besten Kinder zu den glücklichsten Menschen erzieht. Zeitschriften sind überfüllt von gut gemeinten Tipps und unendlichen Checklisten. Und zu allem Überfluss gibt es einen anhaltenden Informationsaustausch – gewollt oder ungewollt – in der Krabbelgruppe, auf dem Spielplatz, im Kindergarten oder an der Fleischtheke.

Und dennoch sind viele Eltern absolut ratlos. Ob das erste Kind gerade frisch aus dem Krankenhaus kommt oder das dritte soeben den ersten Tag im Kindergarten hinter sich hat – Eltern fragen sich immer wieder, ob sie denn alles richtig machen. Und die Antwort auf diese Fragen ist eindeutig: NEIN! Niemand ist perfekt. Eltern machen Fehler, hören den falschen Erziehungsgurus zu, setzen auf die falschen Konzepte oder treffen ganz einfach eine schlechte Entscheidung. Selten wird jedoch in Familienblogs und Co. davon gesprochen, was Erziehungsberechtigte falsch machen. Es wird davon gesprochen, was gute Eltern ausmacht. Es wird berichtet, wie toll die eine oder andere Methode funktioniert. Und natürlich wird immer wieder davon gesprochen, wie sie alles besser machen können. Die Interessierten lernen also auf allen Wegen, was sie machen sollten. Selten lernen sie, ob das, was sie bereits tun, gut ist.

Genau hier soll dieses Buch eine Hilfestellung leisten, um herauszufinden, wo, wann und wie sich der elterliche Blickwinkel ändern lässt. Was läuft nicht optimal nach der Vorstellung der Erziehungsberechtigten? Welche guten Intentionen haben einen negativen Effekt auf Kinder und Eltern? Dazu dient der Blick auf klassische Situationen, Einstellungen und Handlungen, die den meisten Eltern bekannt vorkommen werden. Im Grunde stehen alle vor den gleichen Herausforderungen, auch wenn die individuellen Umstände dafür sorgen, dass jeder seine ganz eigenen Lösungen finden muss.

Es geht an keiner Stelle darum, mit den Fingern auf Sie oder Ihren Partner und andere Bezugspersonen des Kindes zu zeigen. Kindererziehung ist keine exakte Wissenschaft. Es gibt kein Handbuch, mit dem der Alltag einfach durch Checklisten zu bewältigen ist. Hier soll im Mittelpunkt stehen, die eigenen Schwächen und Stärken zu definieren. Vielleicht erkennen Sie sich in keinem der genannten Punkte wieder – dann nehmen Sie die Inhalte als Anstoß dazu, einen genauen Blick auf Ihren Alltag zu werfen. Vielleicht hilft es Ihnen dabei, die eigenen Hürden zu finden und besser zu meistern. Vielleicht sehen Sie aber auch in jedem Kapitel ein bisschen von sich selbst – dann nutzen Sie die Erfahrungen anderer, um die eigene Situation besser einschätzen zu können.

„Wer einen Fehler gemacht hat und ihn nicht korrigiert, begeht einen zweiten."

Konfuzius, chinesischer Philosoph

An wen richtet sich dieses Buch?
Sie sind schwanger mit Ihrem ersten Kind und möchten auf alles vorbereitet sein? Oder steckt Ihr Dreijähriger gerade in einer schwierigen Phase und Sie fragen sich, ob Sie etwas falsch gemacht haben? Vielleicht haben Sie auch schon zwei Kinder so gut wie aus dem Haus und es steht ein Nachzügler an – ob Sie es diesmal anders machen werden? Ganz egal, an welchem Punkt Sie und Ihr Kind sich gerade befinden, kommen Sie gerne mit auf diese kleine Reise durch das unendliche Universum der Erziehung. Dieses Buch präsentiert Ihnen kleine und große Geschichten von Familien jeder Konstellation. Die vielen Erfahrungsberichte von Eltern und Bezugspersonen aller Art decken ein breites Spektrum ab. So erhalten Sie nicht nur einen Einblick in den Alltag anderer Familien. Der Ratgeber soll Ihnen auch dabei helfen, sich selbst besser einschätzen zu können. Was ist für Sie rele-

vant? Was ist für Ihren Partner relevant? Welche Ratschläge helfen und welche nicht? Behalten Sie dabei immer im Hinterkopf, dass es hier nicht darum geht, Schwächen aufzuzeigen, sondern Stärken zu finden. Und das ist für jede Person interessant, die einen starken Einfluss auf das Leben eines Kindes hat.

Kindererziehung liegt allein in der Hand der Eltern. Eine Aussage, die ohne Frage viel Wahrheit in sich trägt, aber in der Realität so einige Lücken aufweist. Denn selten besteht eine Konstellation, in der Kinder von Einflüssen außerhalb der Familie abgeschirmt sind. Sie sind die Oma, der Onkel oder der beste Freund der Familie? Dann können auch Sie spannende Informationen und Ideen in diesem Buch finden.

Die in den nachfolgenden Kapiteln beschriebenen Fehler lassen sich auf eine Reihe von Familienmodellen umlegen. Ob Großfamilie mit Hund, alleinerziehender Vater mit zu wenig Freizeit oder Adoptiveltern mit bockigem Teenager – jeder von Ihnen hat seine eigene Vorstellung von der richtigen Erziehung. Oft sind die Beteiligten dabei so von der einen oder anderen Idee überzeugt, dass ihnen der Blick auf das große Ganze fehlt. Genau dann geht der Blick verloren für das, was wirklich wichtig ist. In jedem Kapitel startet eine neue Suche nach möglichen Ursachen für die gemachten Fehler. Betrachten Sie, welche Folgen es haben kann, werden diese nicht adressiert. Und überlegen Sie mit, wie bestehende Probleme sich lösen lassen.

1 Fehler #1:
Zu viel Angst

Erziehung ist keine Last – sie ist ein Privileg.

Eltern müssen immer alles richtig machen. Eltern sollen sich immer um alles kümmern. Eltern haben keine wichtigere Aufgabe als die Kindererziehung. Sätze, die so oder in ähnlicher Form viel zu häufig zu hören und zu lesen sind. Das Elterndasein ist im Laufe der Jahrhunderte immer mehr zu einer verpflichtenden Aufgabe geworden. Auf allen Wegen wird stetig darüber gesprochen, wie wichtig die Elternrolle ist. Die enorme Verantwortung der Kindererziehung wird in das Zentrum von Werbung, Unterhaltung und sogar politischen Diskussionen gerückt. Eltern müssen sich darum kümmern, dass die Ernährung stimmt, die individuellen Fähigkeiten des Kindes rechtzeitig gefördert werden und dass jedes Spielzeug pädagogisch wertvoll, frei von Schadstoffen und ein Fair-Trade-Produkt ist. Die Werbung bombardiert sie mit Produkten für die Sicherheit und das Wohlbefinden der Kleinen – schon für Babys gibt es mehr Pflegeprodukte zu kaufen, als man zählen kann. Filme und Serien zeigen perfekte Familien, die alle Aufgaben ohne Anstrengung meistern. Und die Politik schwankt zwischen Aufrufen zu mehr Kindern oder mehr Karriere – am besten gleich beides!

Das gesellschaftliche Konzept sieht die Kindererziehung nicht selten als Last. Für mindestens 18 Jahre sind Eltern raus aus dem Leben – kein Spaß, kein Ausgehen, kein Geld für unnötigen Luxus! Das Horrorszenario wird mit schreienden Babys und aufständischen Teenagern verkauft. Aber es ist an der Zeit, sich von diesem Standpunkt zu lösen.

1.1 Familie gründen – es gibt viele Fragen

In der heutigen Zeit eine Familie zu gründen, ist gar nicht so einfach. Im Laufe der Jahrhunderte hat sich das Modell der Familie immer wieder gewandelt. Die alten Römer zählten nicht nur die direkten Angehörigen zum Teil der Familie, sondern auch Leibeigene und sogar enge Familienfreude. Im Mittelalter war der Begriff der Familie erst gar nicht in Gebrauch – damals sprach man von einem „Haus". Diese Gemeinschaft umfasste auch weit entfernte Verwandte, wenn die zugehörigen Ländereien es zuließen, viele Menschen zu versorgen. Vor 100 Jahren war ein alternatives Familienmodell zu „Vater – Mutter – Kind", mit dem Vater als zentrale Leitfigur, absolut undenkbar.

Seit den 1960er-Jahren hat das zeitgenössische Verständnis für Familie jedoch einen dramatischen Wandel durchlaufen. Modelle, die vor wenigen Jahrzehnten noch als alternativ und als eine Ausnahme beschrieben wurden, gehören heute zum selbstverständlichen Bild der Gesellschaft. Unverheiratete Paare mit Kind, gleichgeschlechtliche Ehen mit Kindern, alleinerziehende Personen – all das und vieles mehr ist zunehmend ein fester Bestandteil der familiären Selbstbestimmung.

Gleichzeitig kam es zu einem drastischen Umbruch in der Gleichstellung der Geschlechter. Auch wenn in vielen Haushalten noch immer der Mann die Versorgerrolle einnimmt und die Frau sich um die Kindererziehung kümmert, beginnen diese Strukturen sich langsam zu verwaschen. Die Gründe dafür sind vielschichtig und nicht immer durch den Wunsch nach Gleichstellung der Frau bedingt. Familien sind zunehmend auf zwei Einkommen angewiesen, um einen angenehmen Lebensstandard zu sichern. Dies führt dazu, dass die finanzielle Dominanz des Mannes in der Familie immer weniger im Mittelpunkt steht. Darüber hinaus entscheiden sich aber Frauen auch immer häufiger dazu, eine eigene berufliche Karriere aufzubauen.

Unabhängig davon, wie das individuelle Familienkonzept aussehen mag: Die Entscheidung, Kinder zu haben, ist für viele nicht leicht zu treffen. Wann ist der richtige Zeitpunkt? Wie viele Kinder sind richtig für das Paar? Wer übernimmt die zentrale Rolle in der frühen Kindererziehung? Und natürlich steht man immer auch unter der Aufsicht des direkten Umfelds. Denn zum Thema Familienplanung werden viele Stimmen laut. Hier einen kühlen Kopf zu behalten und in der Lage zu sein, sich auf die Familienplanung und deren Herausforderungen zu konzentrieren, ist gar nicht so einfach.

Carlotta will Kind und Karriere

Carlotta ist 28 Jahre alt und seit rund vier Jahren mit Jens liiert. Die beiden sind ein tolles Team. Sie haben sich während der Arbeit an einem gemeinsamen Projekt kennengelernt – ganz klassisch. Carlotta hat gerade ihr Studium abgeschlossen und arbeitet in einer internationalen Firma im Mid-Level-Management. Sie findet den Job aufregend und freut sich darauf, eine Karriere in ihrer Branche aufzubauen. Sie hat aber auch andere Pläne: Seit sie denken kann, möchte sie Mutter sein. Mindestens zwei Kinder sollen es sein. Wenn das gut klappt, vielleicht sogar ein drittes. Aber wer weiß, was die Zukunft bringt. Jens ist an Bord, er freut sich schon darauf, mit dem kleinen Tim – er ist sich sicher, es wird ein Junge, und der Name Tim ist auch schon ein festes Ding – ein paar Runden im Park drehen zu können. Die beiden sind sich also einig. Da sollten keine Zweifel aufkommen. Der Plan steht! Die Elternzeit wird gerecht geteilt. Carlotta muss häufiger beruflich reisen. Jens freut sich schon auf die gemeinsamen Tage mit Tim – er ist wirklich sehr zuversichtlich.

Begeistert berichten die beiden Freunden, Familie und Arbeitskollegen von den aufregenden Neuigkeiten. Wir gründen eine Familie! Und sofort kommt das böse Erwachen. Mama sagt: „Ihr seid doch gar nicht verheiratet." Papa sagt: „Als gute Mutter musst du dann deinen Beruf aufgeben." Die Bekannten sagen: „Ob ihr zwei dafür gemacht seid? Ihr genießt eure Freiheit doch so sehr." Und der Chef sagt: „Es wird sehr schwierig werden, eine echte Karriere aufzubauen, wenn Sie sich ständig um Ihr Kind kümmern müssen."

Und plötzlich ist alles ganz anders. Carlotta ist voller Selbstzweifel. Was, wenn es wirklich nicht möglich ist, Kind und Karriere zu vereinen? Sollte ein Kind nicht besser innerhalb einer Ehe geboren werden? Und ist sie wirklich schon bereit, ihre Freiheit aufzugeben?

So wie Carlotta geht es vielen Menschen, die eine Familie gründen möchten. Es gibt immer wieder Gegenstimmen. Jeder hat eine andere Meinung dazu, wie die perfekte Familie auszusehen hat. Insbesondere dann, wenn die bestehende Situation nicht der klassischen Konstellation entspricht. Karriere, die sexuelle Orientierung, das Alter, die finanzielle Situation – es gibt jede Menge Dinge in der modernen Gesellschaft, die nicht in das traditionelle Familienkonzept passen.

Dank dieser ungefragten Einmischung bauen Paare aller Altersklassen eine Hemmschwelle auf. Sie zweifeln an, ob sie wirklich dazu bereit und dafür gemacht sind, ein Kind großzuziehen. Und obwohl es wichtig ist, dass alle Beteiligten sich der großen Verantwortung bewusst sind, die ein Kind mit sich bringt, darf man nicht vergessen, welch ein wunderbares Privileg es ist, Kinder zu haben.

In der westlichen Welt genießen die Menschen den Luxus, absolut selbstbestimmt zu leben. Ob und wann sie Kinder in die Welt setzen, das bleibt jedem selbst überlassen. Eben diese Freiheit erlaubt es, die kritischen Stimmen nach eigenem Ermessen zu berücksichtigen. Bleibt der Kinderwunsch bestehen, gibt es keinen Grund, daran zu zweifeln, mit der Familienplanung zu beginnen. Hat man sich von den negativen Einflüssen der Umwelt gelöst, fällt die Angst davor, einen neuen Lebensabschnitt zu beginnen.

1.2 Und plötzlich macht man alles falsch

Die Gesellschaft hat viel zu sagen, wenn man mit der Familienplanung beginnt – aber es geht erst richtig los, sobald der Nachwuchs das Licht der Welt gesehen hat. Plötzlich wird man mit guten Ratschlägen überschüttet. Viele sind gut gemeint: Freunde teilen Erfahrungen, die Oma hat ein paar fast vergessene Tricks parat und die Hebamme ist in der Lage, bei ganz konkreten Problemen zu helfen. Leider gibt es aber auch darüber hinaus viele Stimmen, die nicht immer darauf aus sind, Eltern in ihrer Rolle zu bestärken.

Da ist sie wieder, die häufig verbreitete Angst vor der Kindererziehung. Bloß aufpassen, denn selbst der kleinste Fehltritt kann dem Kind für immer schaden! Richtiges Stillen, richtiges Wickeln, richtiges Schlafen – es gibt keinen Bereich, für den Magazine, Blogger, TV-Sendungen und sogar die Politik keinen drohenden Zeigefinger heben. Natürlich gibt es auch viele positive Beispiele. Die Politik erarbeitet moderne Konzepte für die Elternzeit und finanzielle Unterstützung für Familien. Moderne Magazine konzentrieren sich darauf, echte Hilfestellungen für echte Probleme zu bieten, und sogar soziale Plattformen wie Facebook und Co. bemühen sich, hochwertigen, positiven Content zu generieren. Dennoch ist es fast unmöglich, sich negativen Inhalten zu entziehen. Für junge Eltern kann das zu einer echten Belastungsprobe werden.

Warum schläft Anna nicht ein?

> Anna ist sechs Monate alt. Sie ist ein fröhliches Kind und kerngesund. Ihre Eltern könnten nicht glücklicher sein. Annas Eltern genießen jede Minute mit der Kleinen und vertrauen auf ihre elterlichen Instinkte. Eines Tages ist es ein unerwarteter Kommentar der Nachbarin von oben, der die Eltern ins Grübeln bringt: „Die Kleine schreit abends aber sehr viel, bevor sie endlich ruhig ist. Ist denn etwas nicht in Ordnung? Vielleicht sollten Sie mal Ihre Abendroutine ein wenig ändern."
>
> Machen sie etwa etwas falsch? Warum schreit Anna bloß so viel? Wie läuft das denn bei anderen Babys in dem Alter? Schon beginnt die Suche nach Artikeln und Büchern zum Thema. Die kommenden Abende werden zu einer echten Tortur – die Nachbarin hat recht, Anna schreit wirklich viel. Hoffentlich ist alles in Ordnung. Ob ein Besuch beim Arzt wohl hilft?

Ein kleiner, unscheinbarer Kommentar kann aus dem Nichts Probleme hervorrufen. Insbesondere beim ersten Kind ist es nicht einfach zu wissen, was „normal" ist und was nicht. Zu oft wird Ersteltern suggeriert, dass sie nicht in der Lage sind, ein Kind ohne Hilfe zu erziehen. Es ist ganz normal, dass die

Entscheidungen von Eltern durch Außenstehende infrage gestellt werden. Die Folgen dieses ständigen Einmischens und der häufig negativen Darstellung des Elterndaseins können unnötige Probleme für die Kindererziehung kreieren.

1.3 Die Folgen – Eltern ohne Selbstbewusstsein

Mit Anfang 20 das erste Kind, am besten in der Hochzeitsnacht gezeugt. Der Abstand zum zweiten sollte dann nicht so groß sein, vielleicht zwei, drei Jahre. Und wer es sich finanziell leisten kann, der bekommt auch noch ein drittes Kind. Die Kindeserziehung? Ganz klar Sache von Mama. Papa hat die Aufgabe zu disziplinieren – denn Kinder sollen gesehen und nicht gehört werden. So einfach war das klassische Familienmodell einst. Dieses veraltete Konzept hat mit Sicherheit viele Ecken und Kanten – um genau zu sein, ist es eine einzige Baustelle - für eines lässt es aber keinen Platz: Selbstzweifel der Eltern. Damals gehörte es einfach nicht zum guten Ton, sich in die Angelegenheiten der anderen einzumischen. Den Eltern wurde die Fähigkeit, die Kindererziehung zu übernehmen, niemals aberkannt.

Heute sind wir an keiner Stelle davor geschützt, dass sich jeder in alles einmischt. Im Bereich der Kindererziehung kann das gravierende Folgen haben. Sobald man damit beginnt, sich und seine Entscheidungen konstant infrage zu stellen, ist es nicht möglich, die Rolle als Elternteil unbeschwert zu genießen. Wer sich in einer solchen Drucksituation wiederfindet, kann ganz unterschiedliche Schutzmechanismen ausbilden. Keine davon ist zuträglich für eine angenehme Erziehung, und zumeist leiden Eltern wie Kinder darunter.

Die Vorsichtigen
Viele Eltern werden übervorsichtig. Sie klären jede Entscheidung mit mehreren Stellen ab. Sie verbringen viel Zeit mit

der Recherche von Ideen, Fakten und Studien. Selbst nachdem die gewünschten Informationen gelesen und ausgewertet sind, fällt es ihnen noch immer schwer, eine Entscheidung zu treffen. Wird alles mehrfach überdacht und durchgeplant, geht nicht nur die Spontaneität verloren. Die Erziehung des Kindes entwickelt sich zu einer Art Projekt, die schnell statisch und kühl wird. Keine gute Grundlage, um eine warme und herzliche Erziehung umzusetzen.

Die Chaoten
Aber auch die gegenteilige Reaktion ist denkbar. Die wachsende Masse an Informationen scheint zu viel, und es wird gänzlich darauf verzichtet, durchdachte Entscheidungen zu treffen. Hier besteht die Gefahr, dass wichtige Grundpfeiler der Erziehung vernachlässigt werden. Fehlende Strukturen im Alltag sind dafür ein gutes Beispiel.

Die Ängstlichen
Wenn alles wie eine unüberwindbare Aufgabe erscheint, gewinnt die Angst vor dem Versagen die Kontrolle über jede Entscheidung. Selbst Kleinigkeiten wie das Zusammenstellen des Essensplans werden dann zu einer Herausforderung. Eltern, die konstant Angst davor haben, einen Fehler zu begehen, können sich nicht unbeschwert um das Kind kümmern. Die Beziehung kann dann sogar als Belastung wahrgenommen werden.

Die Angriffslustigen
Mein Kind, meine Regeln! Wer so richtig die Nase voll davon hat, dass es ständig Tipps und Infos gibt, der stellt sich eventuell gänzlich gegen die Norm – ob diese nun gut ist oder nicht. In diesem Fall kann es passieren, dass die alternativen Erziehungsmethoden sich mehr darum drehen, anders zu sein, als darum, das beste Konzept für das Kind zu bieten.

Wichtig: Wenn Sie sich in Ihrer Rolle als Elternteil überfordert, ausgelaugt oder sogar unwohl fühlen, kann dies viele Ursachen haben. Öffnen Sie sich Ihrem Partner gegenüber oder einer anderen nahestehenden Person. Wenn Ihnen konstant die Kraft fehlt, den Alltag zu bewältigen und Sie nicht in der Lage sind, einen für Sie richtigen Rhythmus zu kreieren, könnte es an der Zeit für professionelle Hilfe sein. Suchen Sie das Gespräch mit Ihrem Hausarzt, einem Therapeuten oder wenden Sie sich an eine Hilfshotline. Ob es sich um ein temporäres Problem handelt oder Sie sich vielleicht einem dauerhaften mentalen Leiden gegenübersehen: Es besteht immer die Möglichkeit, Unterstützung zu bekommen.

1.4 Selbstbestimmung ist der Weg in die Freiheit

Die schlechte Nachricht zuerst: Es ist nicht möglich, sich den richtigen Kommentaren der Umwelt zu entziehen. Ob echte Menschen, die Werbung oder digitale Plattformen – es wird immer negative Assoziationen mit dem Thema Kindererziehung geben. Aber zum Glück kommt die gute Nachricht gleich hinterher: Es gibt viele Wege, sich von diesen negativen Einflüssen zu lösen.

1.4.1 Zuhören, selektieren und anwenden

Ob Sie bereits mitten in der Kindererziehung stecken oder sehnsüchtig auf den Nachwuchs warten – es ist wahrscheinlich, dass Sie bereits mehrfach Ihre eigenen Ideen und Entscheidungen zum Thema Kinder und Erziehung infrage gestellt haben. Dies zeigt, dass Sie sich aktiv mit Ihrem Handeln auseinandersetzen. In Maßen sind die kleinen Selbstzweifel daher absolut wichtig; nur so können Sie die richtigen und vor allem überlegten Entscheidungen treffen.

Es ist hilfreich, sich ein paar Personen im direkten Umfeld zu suchen, mit denen Sie über Erziehungsfragen beratschlagen können. Für viele ist die eigene Mutter diese Person. Aber auch ein enger Freund oder die Hebamme können diese Funktion einnehmen. Andere haben Geschwister oder Cousins in der Familie, mit denen Sie sachlich über kleine und große Fragen der Erziehung diskutieren können.

Es ist aber nicht nur wichtig, Personen zu identifizieren, die eine echte Hilfestellung leisten können. Es ist ebenso wichtig, Personen zu erkennen, deren Tipps und Ratschläge eher schädlich als unterstützend sind. Dies ist vor allem dann schwierig, wenn diese Person nahestehend ist. Die Oma, die Schwiegermutter oder auch der eigene Vater: Wenn ein negativer Einfluss auf die Dynamik zwischen Ihnen und Ihrem Kind ausgeübt wird, ist es an der Zeit, eine klare Grenze zu ziehen. Am besten ist es, das direkte Gespräch zu suchen. Auch wenn es schwerfällt, das Thema mit deutlichen Worten anzusprechen, wird es dabei helfen, die allgemeine Beziehung aufrechtzuerhalten. Das gilt übrigens nicht nur dann, wenn Mama und Co. sich ungefragt und unpassend in die Erziehung einmischen. Auch wenn es um die Beziehung geht oder um die Jobwahl – es lohnt sich immer, mögliche Probleme sofort anzusprechen. So vermeiden Sie, dass sich negative Gefühle aufstauen und es zu einer unvermeidbaren Eskalation der Situation kommt.

1.4.2 Den Medienkonsum optimieren

Das digitale Zeitalter bringt viele Vorteile mit sich. Informationen aller Art sind nur ein paar Klicks entfernt. Nützlich ist dieses Angebot in allen Bereichen des Alltags. Auch in Sachen Erziehung wird nach passenden Online-Inhalten gesucht. Es werden Likes auf diversen Plattformen der sozialen Medien verteilt und eine ganze Liste mit Eltern- und Familien-Blogs erstellt, die es regelmäßig zu lesen gilt. Einige Eltern teilen aktiv ihre Erfahrungen aus dem Erziehungsalltag und interagieren online mit anderen Eltern.

Die Möglichkeiten, die digitalen Kanäle gewinnbringend zu nutzen, sind scheinbar unendlich. Aber sie bergen auch eine große Gefahr. Von falschen Informationen über aktive Meinungsmache bis hin zu persönlichen Angriffen – man kann vielen negativen Dingen ausgesetzt sein. Daher ist es wichtig, sich online richtig und durchdacht zu bewegen.

Falsche Informationen können großen Schaden anrichten, wenn unseriöse Quellen genutzt werden. Sie würden am Zeitschriftenstand nicht in einem Boulevard-Magazin nach hilfreichen Tipps und Informationen zum Thema Kindererziehung suchen – also warum online? Anhand der nachfolgenden Merkmale ist es möglich, seriöse Online-Informationsquellen zu identifizieren:

Seriöse Webseiten erkennen

- Die Seite bietet ein komplettes Impressum mit Namen und Anschrift.
- Kontaktmöglichkeiten zur Redaktion lassen sich leicht erkennen.
- Übersichtliche Navigation ohne versteckte Links
- Professionelle Inhalte ohne Tipp- und Grammatikfehler
- Inhalte werden regelmäßig aktualisiert.
- Wenn Werbung, nicht im Pop-Up und von bekannten Marken
- Keine Abfrage von persönlichen Daten

Es lohnt sich außerdem, die Seite über eine Suchmaschine zu prüfen. Tauchen umgehend schlechte Bewertungen oder negative Nutzererfahrungen auf, sollten Sie davon Abstand nehmen.

Seriöse Social-Media-Beiträge erkennen

- Die Überschrift gibt relevante Informationen.
- Es wird auf Ausrufungszeichen und reißerische Sprache verzichtet.
- Der Inhalt ist mit Quellenangaben, etwa Studien, belegt.
- Der Verfasser oder die Verfasserin hat Fachkenntnisse (Suchmaschinen-Recherche).
- Die veröffentlichende Webseite erfüllt die oben genannten Kriterien.

Es bietet sich an, den medialen Konsum über alle Plattformen anhaltend zu prüfen. So kann es zum Beispiel sein, dass Sie aus Versehen oder Unwissenheit einen Beitrag einer unseriösen Seite mit einem Like versehen haben. In diesem Fall werden zunehmend Inhalte von dieser Quelle für Sie sichtbar. Unerwünschte Beiträge sollten Sie umgehend als solche markieren und aus der Timeline entfernen.

Überlegen Sie sich, in welchem Umfang Sie online Präsenz zeigen möchten. Hier muss jeder seine eigene Balance finden. Die einen teilen sehr viel über ihr Privatleben und die eigenen Erlebnisse, die anderen möchten dies komplett vermeiden. Wenn Sie sich dazu entschließen, öffentliche Plattformen zu nutzen, wird es zu negativen Interaktionen kommen – insbesondere dann, wenn Sie als Mutter und somit als Frau die sozialen Online-Kanäle verwenden.

Tipp: Suchen Sie sich Foren, die durch Moderatoren überschaut werden. Wenn es in solchen Foren zu einer verbalen Eskalation kommt, greifen gute Moderatoren umgehend ein. Häufig werden negative und vor allem beleidigende Kommentare innerhalb weniger Minuten entfernt.

1.4.3 Stärken Sie sich gegenseitig

Erziehung ist in vielen Fällen eine Partnersache. Wenn ein Partner die Erziehung als Belastung ansieht, hat das in der Regel negative Auswirkungen auf den anderen Partner. Daher ist es wichtig, die Erziehung gemeinsam als Team anzugehen. Es geht nicht darum, immer in allem die gleiche Meinung zu haben; auch Eltern können unterschiedliche Erziehungsansätze haben. Es geht vielmehr darum, einen gemeinsamen Nenner zu finden und die Entscheidungen des Gegenübers zu respektieren und im Idealfall auch zu unterstützen. Wer hier eng zusammenarbeitet, fühlt sich in seinen Entscheidungen bestätigt. Negative Einflüsse von außen haben dann einen geringeren Effekt.

Darüber hinaus hilft es auch dem Kind, sich in der Familie richtig einzufinden. Wird von beiden Elternteilen eine grundlegend andere Erziehungsstrategie verfolgt, ist das für ein Kind verwirrend und belastend. Eine solche Situation birgt ein hohes Konfliktpotenzial.

1.5 Fazit – Erziehung soll Spaß machen

Suchen Sie immer nach den positiven Aspekten in Ihrer individuellen Erziehungsdynamik. Sie werden schnell feststellen, dass die Aufgabe der Kindererziehung zwar eine sehr große ist, aber in keinem Fall unüberwindbar. Erziehung soll Spaß machen – nur so können Sie und Ihr Kind die Zeit miteinander genießen. Und wenn Sie doch einmal die Panik übersteigt, sprechen Sie mit jemandem darüber. Besinnen Sie sich in einem solchen Gespräch darauf, was für Sie und Ihr Kind wirklich wichtig ist.

2 Fehler #2: Falsche Perfektion

Alle dürfen Fehler machen – man muss nur daraus lernen.

In unserer modernen Gesellschaft wird jeder nach seinen Leistungen beurteilt. Bereits in der Krabbelgruppe versuchen die Eltern, sich gegenseitig darin zu übertrumpfen, wessen Kind zuerst läuft oder wie lange es bereits eigenständig sitzen kann. In der westlichen Welt hat sich die Leistung als ein allgemeines Wertesystem etabliert und es ist schwer, diesem System zu entgehen.

Innerhalb dieser Denkweise ist das Streben nach Perfektion ein logischer Schritt. Denn je besser die Performance ist, umso mehr hat man geleistet und somit hat man auch mehr verdient. Die Leistungsgesellschaft ist darauf aufgebaut, dass das begehrte Endergebnis erarbeitet werden muss. Dieses Konzept lässt sich in allen Bereichen des Lebens finden.

2.1 Woher stammt die Leistungsgesellschaft?

Um die Auswirkungen dieser Denkweise umfassend zu verstehen, ist es wichtig, das Grundkonzept zu erkunden. Woher kommt die Idee, dass harte Arbeit und das perfekte Handeln der einzige Weg zum Ziel sind – unabhängig davon, was das Ziel ist.

Eine einfache Antwort auf diese Frage ist nur schwer zu finden. Philosophen, Ökonomen und sogar Mathematiker haben sich dieser Frage in den unterschiedlichsten Formen angenommen. Die möglichen Begründungen sind dabei so mannigfaltig wie die Herangehensweisen der Problemlösung.

Bekannt ist, dass die Leistungsgesellschaft ein Phänomen der Neuzeit ist. Schaut man zum Beispiel auf die alten Römer, wird schnell klar, dass harte Arbeit hier nicht der Lebensmittelpunkt der Gesellschaft war. Die Reichen und Mächtigen nutzten ihre Position immer dazu aus, um möglichst wenig Eigenlast tragen zu müssen. Es galt nahezu als Tugend, sich dem Müßiggang hinzugeben und das Leben in vollen Zügen zu genießen. Natürlich basierte dieses Konzept auf der Ausbeute anderer und wurde schon damals von Philosophen und Politikern infrage gestellt. Im Mittelalter hatte sich in Europa eine klare Hierarchie etabliert, die zunehmend die Arbeit aller Beteiligten verlangte. Auch wenn es klare Machtverhältnisse wie zum Beispiel innerhalb von einzelnen Häusern und Gütern gab, war ein Großteil der Menschen aktiv am Lebensalltag beteiligt – harte Arbeit war für jeden wichtig. Zu diesem Zeitpunkt war es also bereits verpönt, sich auf die faule Haut zu legen, gleichzeitig fehlte in vielen Bereichen der moralische Kompass, um ein faires System zu unterstützen.

In der heutigen Gesellschaft wird das Leistungssystem dazu verwendet, um die Verteilung von Gütern, Macht, Anerkennung oder Möglichkeiten zu rechtfertigen. Mit dem Aufstieg des Kapitalismus wurde das Zeitalter einer neuen Machtverteilung eingeleitet. Unterschiedliche Gesellschafts- wie Kulturbereiche haben diese verschieden interpretiert und in den Alltag integriert. Westliche Kulturen haben dabei eine Plattform geschaffen, die in vielen Fällen den Wert eines Menschen über seine Leistung oder Nichtleistung bestimmt.

Was hat all dies nun mit der Erziehung zu tun? In den meisten Fällen mehr, als Sie vielleicht denken. Von Kindesbeinen an wird jeder Einzelne darauf getrimmt, innerhalb der Leistungsgesellschaft zu bestehen. Selbst eine liberale Erziehung kann nicht davor schützen, ständig von der Gesellschaft bewertet zu werden. Bewusst oder unbewusst passt jeder sein Verhalten dem Normdenken an. Dies nimmt Einfluss auf sämtliche Handlungen und auch darauf, wie sich jeder selbst innerhalb dieses Systems wahrnimmt.

2.2 Leistungsdruck für Eltern

Ob es so gewollt ist oder nicht, es bleibt eine echte Herausforderung, sich von der Idee der Leistungsschuld loszusprechen. Eltern erleben diesen Druck in vielen Formen. Schon während der Schwangerschaft gibt es eine lange Liste mit Dingen, die Eltern zu erledigen haben, um dem Kind einen bestmöglichen Start ins Leben zu bieten. Wer sich hier nicht richtig ernährt, die falsche Musik hört oder zu wenig schläft, dem wird schnell mitgeteilt, dass er nicht hart genug arbeitet, um für das Baby alles perfekt zu machen.

Welcher Geburtenplan ist der richtige? Wie vermeidet die junge Mutter während des Stillens wunde Brustwarzen? Welche Kleidung ist für das Baby am besten und wo bekommt man das beste Babywaschmittel? Alltägliche Aufgaben bergen unverhofft das Potenzial, Höchstleistungen abzuverlangen. Vor allem dann, wenn die Familie nicht dem klassischen Gesellschaftsmodell entspricht.

Thomas und Michael werden Eltern

> Thomas und Michael sind seit vier Jahren verheiratet und nun ist es endlich soweit – sie werden Eltern. Die Papiere für die Adoption sind unterschrieben und der kleine Jakob wird in den nächsten Tagen die erste Nacht in seinem hübschen Babybett verbringen. Wie alle werdenden Eltern fragen sich auch die beiden, ob sie wohl der Aufgabe gewachsen sind. Es ist das erste Baby und die Verantwortung für ein Kind zu übernehmen, das ist eine große Sache. Aber wie alle

werdenden Eltern müssen auch sie ins kalte Wasser springen und ihr eigenes Glück schmieden – zumindest könnte es so einfach sein. Wenn da nicht ständig die fragenden Blicke aus dem Umfeld wären. Zwei Männer sollen sich allein um ein Baby kümmern? Ob das mal gut geht! Und auch wenn es nicht ungewöhnlich ist, dass ihre Beziehung infrage gestellt wird, diesmal ist es anders. Denn diesmal sitzen sie unter einem Vergrößerungsglas. Von der falschen Wandfarbe – dieses Orange ist viel zu grell, das wird das Baby sehr anstrengend finden – bis hin zum unpassenden Schlafrhythmus – ihr fangt besser an euch daran zu gewöhnen, früh aufzustehen – sie scheinen es nur wenigen recht machen zu können. Also greifen sie zu Büchern, löchern befreundete Eltern mit Fragen und schreiben sich Checklisten. Ihre Nerven liegen bereits blank, bevor der kleine Jakob überhaupt seine neuen Eltern kennen lernt – wie soll das nur werden, wenn er endlich in ihren Armen liegt?

Ist das Baby dann da, geht der Leistungsdruck ungehindert weiter. Es gibt unzählige Theorien und Abhandlungen darüber, wie wichtig die ersten Lebensjahre sind, um eine ordentliche Entwicklungsgrundlage zu schaffen. Von den zugeführten Nährstoffen über die im Umfeld gesprochenen Sprachen bis hin zum Material des Spielzeugs, alles hat einen direkten oder indirekten Einfluss auf das Kind. Schnell wird der Eindruck vermittelt, dass eine gute Kindesentwicklung nur dann möglich ist, wenn alle Kleinigkeiten berücksichtigt werden. Selbst die kleinsten Probleme werden so diagnostiziert, dass sie einen möglichen Welleneffekt haben und das Kind über Jahre hinweg negativ beeinflussen können.

2.3 Die Folgen – Eltern verlieren den Blick auf das Wesentliche

Eine gute Nachricht erfahren Sie gleich am Anfang: Auch wenn das Thema Perfektion in der Erziehung in Deutschland ohne Frage gegenwärtig ist, bildete sich in den vergangenen Jahren zunehmend ein besseres Verständnis dafür, welche negativen Folgen diese Denkweise haben kann. Dies wurde unter anderem dadurch begünstigt, dass sich das klassische Leistungsverständnis im Wandel befindet. Wo in der Vergangenheit ein hohes Einkommen und eine glückliche Familie als Indikatoren für ein erfolgreiches Leben gesehen wurden, steht heute zum Beispiel das persönliche Glück zunehmend im Fokus.

Aber noch steht der Gesellschaft ein langer Weg bevor, um dem Perfektionsdenken komplett entfliehen zu können. Welche möglichen Folgen kann es also für Sie und Ihr Kind haben, wenn Sie oder Ihr Partner im Streben nach Perfektion gefangen sind?

2.3.1 Eltern und Kinder ohne Selbstvertrauen

Wenn es stetig das Ziel ist, einem unrealistischen Ideal gerecht zu werden, wird man immer wieder enttäuscht. Es wird ständig große und kleine Enttäuschungen geben. Je häufiger man das Gefühl hat, versagt zu haben, umso häufiger beginnt man, seine eigenen Fähigkeiten infrage zu stellen. Dies resultiert unweigerlich darin, dass das Selbstvertrauen angegriffen wird.

Wenn Sie sich an einem Punkt befinden, an dem Sie jede Ihrer Entscheidungen und Handlungen hinterfragen und lange überdenken, ist es kaum noch möglich, gute Entscheidungen zu treffen. Denn hier steht nicht mehr das Wohl des Kindes oder die beste Lösung für den Familienverband im Mittelpunkt. Wichtige Entscheidungen werden aufgeschoben oder zum Beispiel auf den Partner übertragen. Es ist nicht einfach, sich einzugestehen, dass man das Vertrauen in seine eigenen Fähigkeiten als ein Elternteil verloren hat. Dabei ist es in keiner Weise eine Schande, wenn Sie oder Ihr Partner aktuell an einem Punkt sind, an dem Sie sich nicht wohlfühlen.

Eine unvoreingenommene Selbstreflexion ist schwer umzusetzen. Wenn Sie der Meinung sind, dass das Streben nach Perfektion Sie vielleicht in eine Ecke gedrängt hat, in der es Ihnen schwerfällt, auf Ihre eigene Kraft zu vertrauen, schauen Sie, ob Sie sich in der nachfolgenden Checkliste wiederfinden. Nutzen Sie die kleinen Fragenkataloge dazu, sich selbst einzuordnen. Es geht nicht darum, richtig oder falsch zu handeln. Die Liste soll Sie dabei unterstützen, mögliche Probleme zu identifizieren.

- Brauchen Sie lange, um Entscheidungen zu treffen?
- Geben Sie die Verantwortung für wichtige Entscheidungen ab?
- Kommt es häufiger vor, dass Sie sich mehrfach umentscheiden?
- Fühlen Sie sich unwohl, nachdem Sie eine große Entscheidung gefällt haben?
- Neigen Sie dazu, sich anderen gegenüber zu rechtfertigen?

Vielleicht ist es auch Ihr Partner oder die Partnerin, der es schwerfällt, selbstbewusst die Erziehungsfragen anzugehen. Dies kann durchaus zu Problemen in der Beziehung und somit unweigerlich auch in der Erziehung führen.

Adressieren Sie Ihre eigenen Unsicherheiten oder die eines Partners, um mögliche Ursachen zu finden. Es ist oft ausreichend, sich ein mögliches Problem bewusst zu machen, um eine Lösung dafür zu finden.

Aber nicht nur Eltern sind durch das Streben nach Perfektion negativ beeinflusst. Wird einem Kind vorgelebt, dass es immer einen gewissen Standard halten muss, um fremdgesteckten Zielen gerecht zu werden, ist das eine große Last. Auch für Kinder ist es keine Seltenheit, dass dann das Selbstbewusstsein sinkt.

2.3.2 Perfektion macht unglücklich

Wer nach Perfektion strebt, lässt keinen Raum für Fehler. Wird der Anspruch an sich selbst also so hoch gesetzt, dass Fehltritte jeder Art nicht gebilligt werden, ist es leicht, sich selbst zu enttäuschen. Diese Enttäuschung führt nicht nur dazu, dass das Selbstbewusstsein angegriffen wird, sie macht auf Dauer auch unglücklich. Denn man ist einfach nicht die Person, die man so gerne wäre. Ein großes Problem ist in diesem Fall die Tatsache, dass das angestrebte Ziel zu oft auf Erwartungen von anderen basiert. Die Eltern selbst legen vielleicht keinen großen Wert darauf, dass das Kind jeden Tag wie ein kleines Instagram-Model ausschaut, aber der stetig gefühlte Druck von außen wird zu einer selbstauferlegten Tortur.

Wer mit sich selbst unzufrieden und unglücklich ist, ist kaum in der Lage, sich um eine andere Person zu kümmern. Aber Kinder jeden Alters brauchen eine stabile Bezugsperson, die Hilfe bieten kann, wenn diese benötigt wird. Sind Eltern also durch den Leistungsdruck von außen negativ beeinflusst, fällt dies unweigerlich auch auf die Kinder zurück.

2.3.3 Kinder werden nicht als eigenständige Person wahrgenommen

Ein weiterer Bereich, der durch das Streben nach Perfektion in der Erziehung negativ beeinflusst wird, ist die Art und Weise, wie die Eltern ihre Kinder wahrnehmen. Jeder Mensch, egal wie alt, hat sein eigenes Wesen und seinen eigenen Charakter. Selten spiegelt dieser in allen Facetten den Wertekatalog der Gesellschaft wider. Indem ein Kind also ganz einfach so ist, wie es ist, wird es sich früher oder später außerhalb der gewünschten Normen, Ideen und Gedankenkonzepte bewegen. Dies ist auch schon bei sehr jungen Kindern der Fall. Hier besteht die Gefahr, dass Eltern versuchen, das Verhalten anzupassen. Dabei geht es nicht unbedingt darum, das beste Ergebnis für das Kind zu finden, sondern das Kind in eine bereits bestehende Verhaltensweise zu drängen.

Ein sehr aktuelles Beispiel dafür ist die geschlechtsorientierte bzw. die geschlechtsneutrale Erziehung. Das Thema ist viel diskutiert und sorgt immer wieder für Schlagzeilen. Ein bekanntes Experiment zeigt auf, dass Menschen häufig unbewusst gesellschaftlichen Vorgaben folgen, um den gesetzten Normen gerecht zu werden.

Werden Jungen und Mädchen unterschiedlich behandelt?

> Das Experiment zielt darauf ab, herauszufinden, ob die Probanden Babys aufgrund ihres präsentierten Geschlechts auf eine bestimmte Art und Weise behandeln. Dafür wird Babys im Alter von etwa sechs bis neun Monaten jeweils die Kleidung des anderen Geschlechts angezogen. Anschließend soll eine Gruppe von Probanden für eine halbe Stunde mit den Babys spielen. Es stehen klassische Jungenspielzeuge, klassische Mädchenspielzeuge und geschlechtsneutrale Spielzeuge zur Verfügung.
>
> Die Probanden sind in der Regel sowohl männlich als auch weiblich, aus verschiedenen Altersklassen und aus unterschiedlichen sozialen Schichten gemischt. Unabhängig davon kommt das Experiment immer zu ähnlichen Ergebnissen.

Den Mädchen, die Jungen-Kleidung trugen, geben die Probanden klassisches Jungenspielzeug. Darüber hinaus wird ihnen auffällig häufiger ein Lernspielzeug gegeben, das zum Beispiel motorische Fähigkeiten voraussetzt. Gleichzeitig ist oft zu beobachten, dass der physische Umgang mit den vermeidlichen Jungen etwas gröber ist.

Den Jungen in Mädchenkleidung werden häufiger Puppen in die Arme gelegt und sie werden sehr vorsichtig gehandhabt. In einer Befragung nach der Spielzeit geben die meisten Probanden an, die Kinder geschlechtsneutral zu behandeln.

Dieses Experiment macht deutlich, dass wir sogar ohne Druck von außen bereit sind, die Kinder in die eine oder andere Richtung zu erziehen. Diese Entscheidungen werden dabei nicht zum Wohl der Kinder getroffen, sondern um die gesellschaftliche Konformität nicht infrage zu stellen. Wenn diese Grundeinstellung auf das Streben nach Perfektion trifft, wird einem Kind in vieler Hinsicht die Möglichkeit genommen, sich eigenständig zu entwickeln.

2.4 Exkurs – zwanghafter Perfektionismus

Das Streben danach, ein perfekter Elternteil zu sein, kann eine Reihe von Problemen verursachen. Das nachfolgende Kapitel wird genauer darauf eingehen, wie Sie erkennen können, ob das Thema für Sie relevant ist und wie Sie mögliche Probleme beheben können.

Zwanghafter Perfektionismus ist eine mögliche Persönlichkeitsstörung, die sich in allen Bereichen des Lebens von den betroffenen Personen bemerkbar macht. Es kann sich dabei um ein Krankheitsbild handeln. Die betroffenen Personen sind häufig nicht in der Lage, selber abzuschätzen, ob ihr

Verhalten auf eine mentale Erkrankung zurückzuführen sein könnte.

Zwanghafter Perfektionismus taucht häufig im Zusammenhang mit mehreren Symptomen auf. Diese sind je nach Person sehr unterschiedlich und können unter anderem die folgenden umfassen:

- Angstzustände
- Depressionen
- Schlaflosigkeit
- Stimmungsschwankungen

Eine Zwangsstörung macht sich in vielen Bereichen bemerkbar. So kann es sein, dass die betroffene Person immer wieder die Wäsche neu zusammenlegt, bis diese perfekt gefaltet ist. Für nahestehende Personen ist eine solche Störung schwer verständlich. Das Verhalten ist irrational und eine Last für alle Beteiligten. Daher ist es wichtig, in einer solchen Situation schnell auf professionelle Hilfe zu setzen.

Wenn Sie vermuten, dass jemand in Ihrem Umfeld an einer mentalen Krankheit leidet, ist es hilfreich, mit einem Arzt oder Therapeuten Kontakt aufzunehmen. Es gibt außerdem Hilfsgruppen für Angehörige von Betroffenen. So können Sie sich darüber informieren, welche Schritte als Nächstes zu gehen sind.

2.5 Der Weg aus der Perfektion

Es steht außer Frage, dass niemand vollkommen ist. Eltern und Kinder sind dennoch ständig einem hohen Druck ausgesetzt, um perfekt zu sein und perfekte Entscheidungen zu treffen. Da ist es leicht zu vergessen, was wirklich wichtig ist. Außerdem neigen Menschen in der Gesellschaft dazu, Fehler vertuschen zu wollen, anstatt sie zuzugeben. Wer einen Fehler macht, wird als schwach oder unfähig angesehen. Diese Denkweise ist seit vielen Jahren in allen Gesellschaftsschichten und in allen Bereichen des Lebens etabliert.

Fehler werden daher nicht selten unter den Teppich gekehrt. Sobald dies geschieht, ist der Fehler leider völlig umsonst gewesen. Denn jede vermeintlich falsche Entscheidung, jedes inkorrekte Handeln und selbst der kleinste Fehltritt helfen dabei, für die Zukunft zu lernen. Wenn Sie also einen Weg aus dem Perfektionsdruck finden möchten, ist der richtige Umgang mit Fehlern der erste Schritt.

2.5.1 Sechs Wege, besser mit Fehlern umzugehen

Wenn Sie aktiv eine positive Fehlerkultur leben, wird das Ihnen als Elternteil oder Betreuer für die Erziehung eine enorme Last von den Schultern nehmen. Darüber hinaus erlernt auch das Kind durch Ihr Vorbild einen gesunden Umgang mit Fehlern. Die nachfolgenden Ideen lassen sich auf eine Vielzahl von Situationen anwenden. Vielleicht finden Sie ein paar Konzepte, die für Sie funktionieren und sich in den Alltag integrieren lassen.

1. Menschen machen Fehler

   Es liegt nicht in der Natur des Menschen, Dinge mit Absicht falsch zu machen. Er ist harmoniebedürftig und möchte unerwartete Ereignisse und Probleme vermeiden. Fehler passieren nicht absichtlich. Daher wäre es logisch, im Fall eines Fehlers die Ursache zu finden und diese zu verstehen. So kann man das Szenario in Zukunft vermeiden.

   Leider ist die menschliche Fehlerkultur darauf ausgelegt, einen Schuldigen zu suchen. Fehler werden aus Dummheit, Faulheit oder Unfähigkeit gemacht –

somit liegt die Schuld also aktiv bei bestimmten Personen. Diese aggressive Denkweise führt dazu, dass sich Menschen schämen, wenn sie Fehler machen. Sie möchten nicht vor anderen als dumm oder unfähig dastehen. Wenn Sie sich vor Augen führen, dass weder Ihre Fehler noch die von anderen mit Absicht verursacht wurden, lassen die Fehler sich leichter akzeptieren. Vermeiden Sie Schuldzuweisungen und halten Sie Ausschau nach Ursachen.

2. Frühzeitiges Handeln verhindert Schlimmeres

Ist ein Problem aufgetreten, neigen Menschen also dazu, es zu vertuschen. Dies hat zur Folge, dass sie sich oft mit Vorwürfen und Selbstzweifeln auseinandersetzen müssen. Ein solch negatives Geheimnis beeinträchtigt das mentale Wohlbefinden. In der Psychologie wird hier vom Konzept des „psychologischen Immunsystems" gesprochen. Die Idee dahinter besagt, dass das menschliche Gehirn eine Reihe von Abwehrstrategien einsetzt, um auf belastende Ereignisse zu reagieren. Ist die Krise überwunden, kann das Gehirn sich wieder beruhigen und zu seinem Ausgangszustand zurückgehen. Wird aber dauerhaft Stress ausgeübt, zum Beispiel durch ein belastendes Geheimnis, kann das Hirn nicht in voller Kapazität arbeiten.

Ein gemachter Fehler sollte also schnellstmöglich adressiert werden. Denn abgesehen von der mentalen Belastung ist es keine Seltenheit, dass das Verheimlichen zu schwereren Folgen führt als das grundlegende Missgeschick.

3. Fehler eingestehen und den Fehltritt akzeptieren

Es reicht nicht aus, einfach nur einen gemachten Fehler einzugestehen. Es muss auch das Bewusstsein dafür da sein, dass es sich nicht um ein persönliches Versagen handelt. Schnell kann es passieren, dass ein Fehler als persönliche Niederlage interpretiert wird. Wenn dies geschieht, hilft es auch nicht, diese gegenüber anderen einzugestehen.

Je wichtiger es für eine Person ist, in einem bestimmten Bereich wie etwa der Erziehung, immer alles richtig zu machen, umso schwerer kann die Last eines gemachten Fehlers sein. Folgt dem Eingeständnis eines Problems also direkt das Gefühl, versagt zu haben, ist es an der Zeit, einen neuen Blickwinkel zu finden.

Fehlerübung – War ich das etwa?

Wenn das Gefühl des Versagens ein bekanntes Problem für Sie ist, dann versuchen Sie es mit dieser Hilfestellung:

Schreiben Sie Ereignisse auf, bei denen Sie genau die richtige Entscheidung getroffen haben. Das können kleine Dinge sein – vielleicht haben Sie Fischstäbchen zum Mittagessen gekocht und Ihr Kind stürmt unverhofft mit dem Wunsch nach genau diesem Essen zur Haustür herein. Aber es könnten auch große Dinge sein, wie die Wahl des Kindergartens oder die Entscheidung, ein halbes Jahr länger in der Elternzeit zu bleiben. Beginnen Sie mit 10 – 15 Zetteln und legen Sie diese in eine Schale in der Küche oder neben dem Bett. Sie können die Sammlung stetig erweitern, immer dann, wenn Sie denken, diese Entscheidung eignet sich gut für die Schale.

Wenn es dann an der Zeit ist, sich einen Fehler einzugestehen, greifen Sie in die Schale und erinnern Sie sich daran, wie häufig Sie richtig liegen mit Ihrem Handeln. So können Sie sich ein gesundes Bewusstsein dafür schaffen, welchen Stellenwert einzelne Fehltritte im Gesamtbild haben. Eine solche Schale eignet sich übrigens auch sehr gut für Kinder, deren Selbstbewusstsein ab und zu einen positiven Anstoß braucht.

4. Doppelte Fehler vermeiden

Das Gehirn ist ein atemberaubendes Organ. Es ist in der Lage, eine Vielzahl von Schutzmechanismen zu verwenden, deren sich der Mensch oft nicht einmal bewusst ist. So wurde nachgewiesen, dass schmerzhafte Erinnerungen im Gedächtnis verzerrt und geschönt werden. Wissenschaftler vermuten, dies ist ein Mechanismus, um die Last der Trauer und des Schmerzes zu lindern.

Obwohl dieser Trick des Gehirns nur zum Besten gedacht ist, verwischt er leider auch die Realität der Situation. Beim Rückblick auf bereits gemachte Fehler neigen Menschen dazu, diese als weniger schlimm anzusehen. Außerdem ist es oft schwer, genau zu identifizieren, was zu dem gemachten Fehler geführt hat. Es ist wichtig, sich genau mit einem Problem auseinanderzusetzen, um sozusagen für die Zukunft eine interne Information zu hinterlegen. Wenn Sie vor großen Entscheidungen stehen, hilft es außerdem, eine Pro-Kontra-Liste zu erstellen. Sie fokussieren sich dann auf Ihr Wissen und können die Vergangenheit besser einschätzen.

5. Perfektion macht nicht glücklich

Ob ein Fehler bereits gemacht ist oder er vermieden werden soll – wer ständig darüber nachgrübelt, wie man zu einem optimalen Ergebnis kommt, belastet sich auf Dauer. Experten unterscheiden in diesem Bereich zwei Personengruppen. Die einen sind immer darauf bedacht, das Beste aus jeder Situation zu machen und jeden Bereich optimal anzugehen. Sie werden als Maximizer bezeichnet. Die zweite Gruppe ist recht schnell mit einem Ergebnis zufrieden und versucht nicht stetig eine Perfektion umzusetzen. Diese Gruppe wird als Satisficer beschrieben. Personen, die als Maximizer agieren, neigen eher dazu, depressiv zu werden, da sie ständig eine selbst auferlegte Last tragen. Ein Satisficer hingegen hat oft eine bessere mentale Gesundheit.

6. Nicht nur aus Fehler lernen – sie auch zum Vorteil nutzen

Fehler sind immer schlecht? Der Forscher Alexander Fleming hat vor rund 100 Jahren aus Versehen ein Fenster im Labor offengelassen – für seine Arbeit mit Bakterien eigentlich ein schwerer Fehler, denn so kommt es zu Verunreinigungen. In seinem Fall machte sich der Fehler als ein Schimmelpilz in seiner Petrischale breit. Diese zerstörerische Wut des kleinen Lebewesens diente dann als Grundlage für die Entdeckung des Penicillins.

Zugegeben, die Wahrscheinlichkeit, durch eine ungünstige Entscheidung eine lebensrettende Entdeckung zu machen, ist im Alltag recht gering. Aber diese kleine Anekdote zeigt, dass Fehler zum Lernen da sind und dass sie manchmal sogar das Potenzial haben, die Welt zu verändern. Es lohnt sich, mit Kritik sparsam umzugehen und nach lehrreichen wie hilfreichen Komponenten bei einer vermeintlich fehlgeschlagenen Situation zu schauen.

2.5.2 Bin ich ein Perfektionist?

Vielleicht haben Sie bereits zu Beginn dieses Kapitels erkannt, dass hier nicht von Ihnen die Rede ist. Vielleicht fragen Sie sich aber auch, ob Sie die Dinge vielleicht oft zu ernst nehmen und sich vom Druck der Außenwelt zu sehr beeinflussen lassen. Der folgende Aussagenkatalog kann Ihnen dabei helfen, ein besseres Eigenbild zu erhalten. Erneut geht es nicht um eine Punktevergabe oder eine klare Einordnung in einen bestimmten Typus. Lassen Sie sich die Aussagen durch den Kopf gehen und ordnen Sie diese ganz individuell ein. Treffen die Aussagen auf Sie zu oder eher nicht? Oft hilft das einfache Hinterfragen des eigenen Handelns dabei, ein mögliches Problem zu identifizieren.

Tipp: Gehen Sie den Katalog gemeinsam mit dem Partner oder einer guten Bekannten durch. Auf diese Weise finden Sie heraus, wie andere Sie einschätzen und ob es in ein paar Punkten starke Wahrnehmungsdifferenzen gibt.

Aussagen zur Selbsteinschätzung:

1. Ich möchte immer die beste Leistung erbringen.
2. Wenn ich nicht die beste Leistung erbringe, habe ich versagt.
3. Meine Rolle als Elternteil lässt keinen Raum für Fehler.
4. Ich muss immer Ordnung im Haus/der Wohnung haben.
5. Es ist mir wichtig, was andere über mich denken.
6. Ich bin schnell von anderen Menschen enttäuscht.

7. Ich möchte, dass andere die gleichen Entscheidungen treffen wie ich.
8. Ich vergleiche mich mit meinen Mitmenschen.
9. Ich denke, viele meiner Mitmenschen sind besser als ich.
10. Ich denke langer darüber nach, wenn ich einen Fehler mache.
11. Ich mache Dinge lieber selber, als Aufgaben abzugeben.
12. Ich werfe meinem Partner oft vor, Dinge nicht korrekt zu erledigen.
13. Ich habe hohe Erwartungen an mein Kind/meine Kinder.
14. Ich unterscheide häufig in richtig und falsch.
15. Ich kann nicht gut in einem Team arbeiten.
16. Wenn ich etwas falsch mache, denke ich, dass es an meiner Unfähigkeit liegt.
17. Ich kann nicht gut mit Kritik umgehen.
18. Ich bin nie mit meiner eigenen Leistung zufrieden.
19. Es fällt mir schwer, meine Erfolge zu feiern.
20. Ich suche immer nach Wegen, Dinge besser zu machen.
21. Ich bin ungeduldig mit anderen.
22. Ich erwarte immer Perfektion.
23. Wenn etwas nicht perfekt ist, habe ich mich nicht genügend angestrengt.
24. Es fällt mir schwer, Entscheidungen zu treffen.
25. Ich bin häufig angespannt und unruhig.
26. Wenn ich eine Aufgabe nicht perfekt erledigen kann, arbeite ich extralange daran.

Mit dem Versuch, alles richtig zu machen, macht man häufig viel falsch.

Sprichwort

3 Fehler #3:
Ungleicher Vergleich

Es gibt keine Blaupause für die richtige Erziehung.

Wer kennt es nicht – ab und zu stellt man sich in den direkten oder indirekten Vergleich mit anderen. Es kann sich um Freunde handeln, um Familienmitglieder oder auch um absolut fremde Menschen. Oft scheint der Vergleich auch vollkommen unsinnig, aber dennoch ist es schwer, davon komplett Abstand zu nehmen.

Die Vergleiche werden in allen Lebensbereichen gezogen. Wie läuft die Karriere vom Nachbarn? Warum sieht die Chefin so umwerfend gut in engen Kleidern aus? Und warum sind eigentlich die Kinder meiner Schwester so viel besser in der Schule als meine?

Selten dient der Vergleich dazu, tatsächliche Antworten zu finden. Oft hinterlässt dieses Verhalten lediglich ein ungutes Gefühl. Die anderen machen Dinge besser als ich. Sie sehen besser aus, sie verdienen mehr Geld und sie erziehen ihre Kinder besser. Dieses Gefühl ist demotivierend und vor allem ein selbstauferlegtes Leid. Der Vergleich mit anderen ist selten fair oder kann korrekt gezogen werden – denn es fehlen unzählige Informationen, die man sich dann gern selbst zusammenreimt. Das Resultat dieses Verhaltens ist immer negativ für denjenigen, der den Vergleich anstellt.

Eltern sind vor diesem Problem selbstverständlich nicht geschützt. Im Gegenteil, sie haben einen zusätzlichen Bereich, für den sie Vergleiche zu anderen ziehen können. Dieser selbstgestaltete Druck beginnt nicht selten schon während der Schwangerschaft.

Anna kann nicht mehr laufen

Anna und Tina haben lange überlegt, wer von den beiden das Baby zur Welt bringen soll. Annas Mutter hatte immer wieder davon gesprochen, wie einfach und unkompliziert alle drei Schwangerschaften verlaufen sind. Tinas Mutter hingegen hatte wahre Horrorgeschichten zu berichten. Die beiden hatten also auf gute Gene gehofft und Anna war mittlerweile im siebten Monat schwanger. Leider verlief ihre Schwangerschaft alles andere als unkompliziert. Wochenlang übergab sie sich regelmäßig und konnte kaum einen Bissen behalten. Kaum war die Morgenübelkeit vergangen, begannen auch schon die Rückenschmerzen. Langsam, aber sicher gesellten sich geschwollene Füße und unkontrollierbare Müdigkeitsanfälle dazu – gäbe es eine Anti-Schwangerschafts-Kampagne, wäre sie ohne Frage die passende Verkaufstory. All die körperlichen Beschwerden werden zudem von einer unerklärbaren mentalen Last begleitet. Sie ist oft niedergeschlagen und ihre Stimmungsschwankungen treiben Tina in den Wahnsinn. Seit zwei Wochen ist sie kaum noch in der Lage zu laufen, da ihre Beine wie Wassermelonen angeschwollen sind, und der Arzt hat Bettruhe verschrieben. Es ist einfach alles schiefgelaufen, was nur schieflaufen kann. Das Pärchen nebenan ist auch schwanger. Sie ist Anna drei Wochen voraus und das blühende Leben. Sie geht ohne Problem weiterhin Vollzeit arbeiten und hat dabei schon einen kleinen Jungen zu Hause, der sie ordentlich auf Trab hält. Sie sieht aus, als hätte sie kaum zugenommen und vor ein paar Tagen hat Anna sie joggen gesehen – JOGGEN! Anna versteht die Welt nicht mehr. Wie kann es sein, dass die Nachbarin das blühende Leben ist und sie selber wie eine geplatzte Kartoffel mit schlechter Laune an das Bett gefesselt ist? Was hat sie nur falsch gemacht? Und warum sieht die Nachbarin jeden Tag aus wie aus dem Ei gepellt?

So wie Anna geht es Millionen von Frauen weltweit. Die meisten fragen sich früher oder später, warum ihre Schwangerschaft nicht genauso leicht verläuft wie die der Nachbarin. Jedoch sitzt kaum eine der Betroffenen im Wartezimmer bei der Frauenärztin und sieht, dass da ja noch weitere Hochschwangere in Badelatschen und mit geschwollenen Füßen sitzen. Würde der Vergleich zu einer Mitleidenden gezogen, sähe die eigene Situation plötzlich gar nicht mehr so schlimm aus. Denn plötzlich ist man eine von mindestens zwei Leidenden.

Der Vergleich mit anderen hat also nicht immer nur einen negativen Effekt auf das eigene Wohlbefinden. Bewusst oder unbewusst kann man den Vergleich auch dazu nutzen, um die eigene Situation in ein besseres Licht zu rücken. Warum wir überhaupt dazu neigen, Vergleiche zu ziehen und ob es möglich ist, dieses Verhalten zum Positiven zu nutzen, damit befasst sich dieses Kapitel später.

Zunächst soll es um einen Bereich gehen, der nicht nur das eigene Befinden betrifft. Eltern neigen dazu, die eigenen Kinder mit anderen Kindern zu vergleichen. Auch dieses Verhalten beginnt oft schon sehr früh. In den ersten zwei Lebensjahren ist die Entwicklung von Kindern ein echter D-Zug. Im Wochentakt erlernen die Kleinen neue Fähigkeiten. Sowohl körperliche als auch kognitive Fortschritte treten oft einfach über Nacht auf. Hier den fatalen Fehler zu begehen, sein eigenes Kind mit anderen zu vergleichen, ist leider keine Seltenheit.

Tom will nicht laufen

> Anna hat einen gesunden kleinen Jungen zur Welt gebracht. Tom ist jetzt knapp ein Jahr alt und ein echter Sonnenschein. Er liebt es, mit dem Hund zu spielen, und er ist ein echter Tänzer. Anna und Tina haben ihn frühzeitig in der Krabbelgruppe und zum Turnen angemeldet. Dort gibt es viele Kids in seinem Alter. Es macht ihm richtig viel Spaß, mit den anderen zu toben und zu spielen. Bea, das kleine Mädchen mit den großen blauen Augen, hat zuerst mit dem Laufen angefangen. Die ersten Schritte hatte sie damals gemacht, als sie gerade neun Monate alt war. Nach und nach hat auch der Rest der Gruppe sich aufgerappelt und zumindest schon ein paar Schritte absolviert. Nur Tom macht keine Anstalten, das Krabbeln hinter sich zu lassen. Er rollt sich, er robbt, er krabbelt schneller als die anderen laufen, aber auf zwei Beinen möchte er sich einfach nicht vom Fleck rühren. Vor allem Tina macht sich Sorgen darüber. Sie beginnt, ihm die Beine regelmäßig zu massieren, um das Muskelwachstum anzuregen. Sie hat außerdem eine ganze Reihe von Lauflernspielzeugen gekauft und sie hat damit begonnen, Tom zu maßregeln, wenn er sich mal wieder über den Boden zieht, anstatt zu laufen. Wenn die anderen Kinder in seinem Alter laufen, dann sollte er das doch auch machen!

Der direkte Vergleich zu den anderen Kindern hat Tina in diesem Fall davon überzeugt, dass zum einen sie etwas ändern muss und dass zum anderen Tom etwas falsch macht. Natürlich ist weder das eine noch das andere zutreffend.

Durch den einseitig gezogenen Vergleich ist es aber einfach, in eine negative Denkstruktur zu verfallen. Ein solches Verhalten kann in allen Altersklassen zu Problemen führen. Ob Eltern ihr Baby, ihr Schulkind oder ihren Teenager mit anderen vergleichen, wenn sie auf Punkte achten, mit denen sie unzufrieden sind, wird sich das negativ auf die Selbstwahrnehmung und auf das Verhalten zum eigenen Kind ausüben.

Warum also verbringen die Menschen so viel Zeit damit, in Nachbars Garten zu schauen, um herauszufinden, ob das Gras dort grüner ist? Eine mögliche Antwort dafür ist in der Hirnforschung zu finden.

3.1 Der Druck von außen und das Belohnungssystem des Gehirns

Sich mit anderen zu vergleichen, ist kein Phänomen der Neuzeit. Schon Sokrates beschäftigte sich im Rahmen der Anamnesislehre damit, dass Menschen Dinge miteinander vergleichen. Und schon Sokrates erkannte, dass es für einen echten Vergleich eine Art von Gleichheit in den Dingen geben müsste, die in der realen Welt einfach nicht besteht.

Aber auch die weisen Worte des griechischen Philosophen hielten die Menschheit in den vergangenen 2000 Jahren nicht davon ab, sich stetig in Vergleiche zu verwickeln. Eltern unterliegen heute einem besonders hohen Druck. Wie bereits im vorhergehenden Kapitel angesprochen, ist es leicht, sich selbst ein unrealistisches Perfektionsstreben aufzuerlegen. Der konstante Vergleich mit anderen Eltern und deren Kindern ist da ein naheliegender Schritt.

Der Druck von außen kann durch selbst gesteckte Ideale ergänzt werden. Vor allem für das erste Kind haben viele Eltern sehr genaue Vorstellungen davon, wie die Erziehung vonstattengehen soll. Selten wird eingeplant, dass Kinder vom ersten Tag an ihre eigenen Ideen im Kopf haben. Auch die beste Erziehung hat ihre Grenzen und es ist nicht vorherzusehen, wann ein Kind läuft oder wie es sich im Teenageralter entwickelt. Erneut ist ein Szenario geschaffen, in dem viele auf einen direkten oder indirekten Vergleich zu anderen Kindern zurückgreifen.

3.1.1 Warum geht es dir besser? Das gesellschaftliche Tabu

Auf der einen Seite ist der Vergleichszwang also durch einen konstanten Druck von außen oder sich selbst begünstigt. Auf der anderen Seite gibt es häufig aber auch keine Alternative als den selbst gezogenen Vergleich. Das Problem dahinter ist in unserer Gesellschaft tief verankert. Hier kommen zwei ungeschriebene Gesetze zum Tragen, die insbesondere im deutschen Sprachraum bestehen:

1. Wenn es mir gut geht, gehe ich damit nicht hausieren! Man spricht nicht darüber, wie man es in die bessere Position geschafft hat.
2. Wenn es mir nicht gut geht, kann ich das nicht öffentlich zugeben! Man spricht nicht darüber, dass man Probleme hat oder dass man Hilfe benötigt.

Diese zwei oft stillschweigend akzeptierten Verhaltensregeln verhindern ein offenes Gespräch. Man geht also nicht aufeinander zu und fragt: „Wie hast du das geschafft?" „Kannst du mir zeigen, wie das geht?" Denn um das zu tun, müsste man zugeben, dass man Hilfe benötigt.

Zugegeben, diese Denkweise scheint veraltet und eher etwas aus der Generation der Großeltern zu sein. Dennoch trägt die Gesellschaft diese Ideen oft mit sich herum, ohne sich dessen überhaupt bewusst zu sein. In der Soziologie und der Psychologie gibt es die Idee, dass ein gesellschaftlicher Wandel durch die sogenannte Umweltanpassung geschieht. Die Umweltanpassung fasst dabei gut zusammen, warum Menschen selbst in einem modernen Umfeld noch auf veraltete Denk- und Handlungsweisen zurückgreifen.

3.1.2 Exkurs: Umweltanpassung

Ein sozialer wie kultureller Wandel wird zu einem Großteil durch Umweltveränderungen angetrieben. Diese Veränderungen erfordern eine Anpassung im Handeln oder auch in der Denkweise. Nun könnte man davon ausgehen, dass eine Kultur entsprechend schnell und logisch auf Umweltveränderungen reagiert. Ist also bekannt, dass es kontraproduktiv ist, sich eher mit anderen zu vergleichen als ein ehrliches Gespräch zu führen, sollten Menschen auch entsprechend handeln. Studien zeigen jedoch, dass es bisher kein Kulturkreis geschafft hat, sich optimal auf die Umweltgegebenheiten anzupassen. Die Forschung nennt die folgenden Begründungen dafür:

1. Persönliche Entscheidungen werden nicht ausschließlich aus Vernunft heraus getroffen. Sie sind immer auch durch emotionale wie kulturelle Einflüsse bestimmt.
2. Der bestehende Zeitgeist nimmt Einfluss darauf, wie ein Problem eingeschätzt wird und welche Lösung bevorzugt wird.
3. Eine sichere Vorhersage, wie eine Lösung verläuft, ist nicht möglich.
4. Es geht selten darum, nur ein Problem zu lösen, es sind immer mehrere Bereiche durch den Lösungsansatz betroffen.

Wenn Sie also dazu neigen, sich und Ihre Kinder stetig mit anderen zu vergleichen, ist Ihr kultureller Kontext ein Grund dafür.

3.1.3 Das Belohnungssystem des Gehirns verstehen

Ein komplett anderer Ansatz kommt aus der Hirnforschung. Forscher fanden heraus, dass das menschliche Gehirn in Eigenregie mit einem Belohnungssystem arbeitet. Das bedeutet, es ist nicht möglich, dieses System zu umgehen. Bevor die Grundlagen dieses Systems erläutert werden, führen Sie bitte ein kleines Experiment durch.

Schließen Sie einen kurzen Moment lang die Augen und erinnern Sie sich aktiv an einen absolut fantastischen Moment in Ihrem Leben zurück. Das kann die Geburt Ihres Kindes sein, aber auch der Tag, an dem Sie Ihren Doktortitel überreicht bekommen haben. Vielleicht war es auch ein atemberaubend schöner Sonnenuntergang, den Sie im Urlaub an einem Traumstrand genießen durften – was es auch sein mag, nehmen Sie sich die Zeit und schwelgen Sie ein wenig in dieser fantastischen Erinnerung.

Durch das bewusste Abrufen dieser Erinnerung wurde soeben eine Reihe an chemischen Prozessen in Ihrem Gehirn angekurbelt. Unter anderem wurde der Botenstoff Dopamin in erhöhter Konzentration ausgeschüttet. Botenstoffe sind ganz einfach gesagt die Briefträger des Gehirns. Sie werden dafür verwendet, Informationen aller Art innerhalb des Gehirns von einem Neuron zum anderen zu transportieren, bis diese am Zielort angelangt sind. Abhängig davon, in welchem Hirnareal die Informationen verarbeitet werden sollen, kommen andere Botenstoffe zum Einsatz.

Das Dopamin ist ein echter Glücksbote. Je mehr Dopamin ausgeschüttet wird, umso besser fühlt sich die betreffende Person. Das Gehirn belohnt also positive Erlebnisse mit der Ausschüttung von Dopamin. Dieses Belohnungssystem des Gehirns ist dabei individuell auf jeden Menschen zugeschnitten. Ob und in welcher Menge der Botenstoff ausgeschüttet wird, hängt demnach nicht vom tatsächlich Erlebten ab, sondern davon, wie die betroffene Person das Erlebnis wertet. Wo also der eine mit einer Tasse Kaffee glücklich zu machen ist, freut sich der andere über einen guten Earl Grey Tea. Hirnforscher sprechen davon, dass jeder Mensch ein individuelles Wertesystem hat, an dem sich die Dopaminausschüttung orientiert.

Was hat dieses interne Belohnungssystem mit der Tatsache zu tun, dass sich Menschen mit anderen vergleichen? Die Antwort liegt in dem individuellen Wertesystem, das jeder Einzelne in sich trägt. Die Ausschüttung von Dopamin und anderen Botenstoffen wird also unter anderem dadurch bestimmt, wie Menschen die Dinge in ihrem Umfeld bewerten. Bei einem Vergleich mit anderen kommt es immer wieder zu einer Bewertung der Dinge, die Menschen erleben und sehen. Werden Dinge besonders gut bewertet, wird Dopamin ausgeschüttet und die betreffende Person fühlt sich einfach gut. Dieses Hochgefühl ist ein echter Süchtigmacher, den man immer wieder genießen möchte. Der Vergleich zu anderen bietet das Potenzial, dieses Gefühl zu genießen. Wenn man selbst viel Wert darauf legt, eine gute Karriere zu haben, und sich mit dem weniger erfolgreichen Schwager vergleicht, führt dies zu einem positiven Gefühl. Also neigt der Mensch dazu, sich mit anderen zu vergleichen, in der Hoffnung, dass es ihm danach besser geht. Allerdings funktioniert das Bewertungssystem auch in entgegengesetzter Richtung. Wenn das Gesehene oder das Erlebte nicht mit der eigenen Bewertung übereinstimmt, wird eine negative Reaktion hervorgerufen.

Das Belohnungssystem im Gehirn ist stetig auf der Suche nach dem nächsten Dopamin-Hoch und nimmt im Zuge dessen auch mögliche Rückschläge in Kauf.

3.2 Selbstzweifel und überzogene Ansprüche

Der stetige Vergleich mit anderen kann sich negativ auf die Selbstwahrnehmung auswirken. Insbesondere dann, wenn man dazu neigt, unfaire Vergleiche zu ziehen, in denen es kaum möglich ist, selber gut dazustehen. Werden also die berühmten Äpfel und Birnen ins Visier genommen, ist das Resultat garantiert niederschmetternd.

Welche Auswirkungen ein negatives Selbstimage für Eltern haben kann, wurde bereits im ersten Kapitel angesprochen. In diesem Teil liegt die Konzentration darauf, die Auswirkung für Kinder zu untersuchen.

3.2.1 Mein Kind ist anders als dein Kind!

Wenn Elternteile in den ersten zwei bis drei Lebensjahren die eigenen Kinder mit anderen vergleichen, hat dies zumeist vor allem für die Eltern selbst negative Konsequenzen. Sie suchen nach Erklärungen für die angeblichen Defizite oder das Fehlverhalten in ihrer Erziehung. Das Kind selbst ist zu diesem Zeitpunkt noch zu jung, um eine reflektierte Eigenverantwortung zu übernehmen.

Es steht also vornehmlich die Frage im Raum, wie es zu den Unterschieden zwischen den Kindern kommen konnte. Die Betroffenen finden in vielen Fällen die Antwort in einem der nachfolgenden Gedanken:

1. Ich bin nicht gut genug, um mein Kind richtig zu erziehen.
2. Mein Partner ist nicht gut genug, um mein Kind richtig zu erziehen.
3. Der Einfluss von XY (Tagesmutter, Großeltern usw.) ist schlecht für mein Kind.

Gleichzeitig gibt es aber das Szenario, in dem Eltern das eigene Kind auf ein Podest stellen. Auch hier wird verglichen. Mein Kind kann früher laufen, es kann besser zählen oder es ernährt sich gesünder als das Kind von anderen.

Den Eltern selbst gibt diese Idee der Überlegenheit ein gutes Gefühl. Sie fühlen sich zum Beispiel darin bestätigt, dass sie mit ihrer Erziehung alles richtig machen. Es kann in diesem Zusammenhang auch dazu kommen, dass die Eltern ihr eigenes Kind für besser als andere Kinder halten. Im kleinen Rahmen ist es kein Problem, den eigenen Nachwuchs zu bevorzugen. Hier greift ganz einfach der natürliche Beschützerinstinkt. Eltern möchten, dass es den Kleinen gut geht und dass sie sicher aufgehoben sind.

Zu einem Problem wird es erst dann, wenn man versucht, das eigene Kind in eine Rolle zu drängen, die es nicht ausfüllen kann oder möchte. Ein klassisches Beispiel dafür ist eine angebliche Hochbegabung. Es ist keine Seltenheit mehr, dass Eltern bereits vor dem Grundschuleintritt einen IQ-Test von den Kindern durchführen lassen. Noch vor dem ersten Schultag wird dann das Lehrpersonal darüber informiert, das Kind habe eine Hochbegabung in Mathe oder Sprachen. Um keine Langeweile aufkommen zu lassen, muss dann natürlich unbedingt ein Zusatzkurrikulum ausgearbeitet werden.

Solche Verhaltensweisen sind oft auf den zwanghaften Vergleich mit anderen Kindern zurückzuführen. Die Eltern möchten nicht akzeptieren, dass das eigene Kind vielleicht ganz normal ist – es soll etwas Besonderes sein. Und wenn es schneller als die anderen läuft, komplexer rechnet oder besser singt, dann hat es sich bereits von der Masse abgehoben. Kinder, die in einer solchen Situation aufwachsen, haben selten Vorteile davon. Es werden Dinge von ihnen verlangt, die ihnen schwerfallen oder an denen sie kein Interesse haben.

Es kann ebenfalls passieren, dass die Kinder ihre eigenen Fähigkeiten gnadenlos überschätzen, da ihnen stetig eingeredet wird, sie seien besser als andere. Im späteren Leben fehlen dann wichtige soziale Kompetenzen wie Selbstreflexion oder Kritikfähigkeit.

3.2.2 Hochbegabung – Ausnahmen bestätigen die Regeln

Rund zwei Prozent der Bevölkerung haben einen IQ über 130 und fallen damit in den Bereich der Hochbegabten. Es gibt eine Reihe von Indikatoren, die darauf hinweisen könnten, dass ein Kind hochbegabt ist. Leider halten sich in diesem Zusammenhang seit vielen Jahren hartnäckig ein paar Gerüchte. So wird eine Verhaltensauffälligkeit oft von Eltern als Zeichen einer Hochbegabung angesehen. Die Realität zeigt jedoch, dass hochbegabte Kinder sich sehr gut im sozialen Umfeld integrieren können, denn die Intelligenz offenbart sich auch in der Fähigkeit, sich anzupassen. Die oft benannte Langeweile im Unterricht ist ebenfalls kein Indikator dafür, dass ein Kind besondere Fähigkeiten besitzt. Im Gegenteil ist es häufig sogar so, dass Kinder, die mit dem Stoff überfordert sind, abwesend sind und sich langweilen.

Experten sagen, dass es zumeist ziemlich deutlich ist, wenn ein Kind hochbegabt ist – in der Regel ist es nicht einmal notwendig, einen IQ-Test durchzuführen, nur um eine Zahl im Raum stehen zu haben. Es passiert außerdem selten, dass das Lehrpersonal nicht von allein auf die speziellen Fähigkeiten eines Kindes aufmerksam wird.

Wenn Sie vielleicht die Vermutung haben, dass Ihr Kind oder ein Kind in Ihrem Umfeld hochbegabt sein könnte, benutzen Sie die nachfolgenden Punkte als Hilfe für eine passende Einordnung der Situation:

1. Das Kind hat frühzeitig mit dem Sprechen angefangen und konnte ab 10 Monate klare und vergleichsweise viele Worte korrekt anwenden. Sein Wortschatz hat sich schnell erweitert, so dass es frühzeitig komplette Sätze ausbilden konnte.
2. Das Kind hat ein Interesse an Themen, die nicht altersgerecht sind – Emanzipation, Sinn des Lebens, Religion.
3. Das Kind hat ein auffällig gutes Gedächtnis.
4. Das Kind ist sehr emphatisch und hat ein gutes Gespür für andere.
5. Das Kind beschäftigt sich gerne mit älteren Kindern oder sogar Erwachsenen.
6. Das Kind schläft wenig für sein Alter.

Hätten Sie es gewusst? Die Suchanfragen für „ist mein Sohn hochbegabt" sind 35 % höher als die Anfragen für „ist meine Tochter hochbegabt". Ein weiteres Beispiel dafür, dass unsere Entscheidungen, Reaktionen und Denkweisen nicht auf die tatsächliche Umwelt optimiert sind.

3.2.3 Warum bist du anders als andere Kinder?

Der elterliche Vergleich zu anderen Kindern endet nicht immer in der Überzeugung, dass das eigene Kind besser ist als die anderen. Es kann auch passieren, dass man von seinem eigenen Kind enttäuscht ist. Diese Enttäuschung basiert dann jedoch nicht auf dem Verhalten des Kindes, sondern auf seinem Verhalten im Vergleich zu anderen.

Je älter Kinder werden, umso wahrscheinlicher wird das Szenario, dass es zu bewussten oder unbewussten Schuldzuweisungen kommt. Dem Kind werden in einem solchen Fall unrealistische Erwartungen auferlegt. Der Fokus der Erziehung kann im Extremfall komplett davon abrücken, was gut für das eigene Kind ist und sich darauf verlagern, was man an anderen Kindern gut findet. Spielt das Nachbarskind wie ein Virtuose Geige und das eigene Kind verbringt seine Zeit am liebsten an der Spielekonsole, wünscht man sich vielleicht, dass der eigene Nachwuchs auch ein Instrument erlernt. Schnell wird eine Gitarre gekauft und man organisiert einen Musiklehrer, aber das Kind zeigt keinerlei Interesse. Dies führt dazu, dass es zu weiteren Reibungen kommt. Denn immerhin wurde extra eine Gitarre angeschafft, und der Lehrer kommt doch auch nicht zum Spaß – schon geht es nicht mehr darum, was das Kind möchte.

Natürlich sind solche und ähnliche Fälle zum Glück die Ausnahme. Dies bedeutet jedoch nicht, dass Eltern davor geschützt sind, ihre Kinder ab und zu kleinen Sticheleien auszusetzen, weil sie im Vergleich zu anderen vermeidlich schlechter abschneiden.

„Du hast eine Drei in Mathe geschrieben? Was haben die anderen denn so geschrieben?"

„Achim ist am Wochenende immer bei den Pfadfindern. Du bist am Wochenende kaum draußen, mach doch auch mal was in der Natur."

Auch wenn solche und ähnliche Aussagen zumeist gut gemeint sind, können sie einen kleinen wie großen Schaden anrichten. Aber wie soll man es als Elternteil hinbekommen, den Vergleich mit anderen zu unterbinden?

3.3 Bewusst denken, bewusst sprechen, bewusst handeln

Sollten Eltern einfach ganz und gar damit aufhören, sich und ihre Kinder mit anderen zu vergleichen? So einfach ist die Sache nicht. Zum einen wird es kaum möglich sein, dieses Verhalten abzuschalten. Insbesondere, weil Menschen häufig unbewusst handeln. Zum anderen, ist es in vielen Situationen wichtig, einen Vergleich zu ziehen. Nur so können wir zum Beispiel einschätzen, ob es ein ernst zu nehmendes Problem etwa in der Entwicklung eines Kindes gibt. Wie lässt es sich also vermeiden, dass ein stetiger Vergleichszwang entsteht, der potenziell viel Schaden anrichten kann?

3.3.1 Den richtigen Gedanken finden

Vielleicht haben Sie sich im Zuge dieses Buches zum ersten Mal bewusst damit auseinandergesetzt, dass Sie sich und Ihr Kind mit anderen vergleichen. Es kann aber auch sein, dass Sie sich bereits zu einem anderen Zeitpunkt mit diesem Thema beschäftigt haben. In beiden Fällen ist dies der erste Schritt, um ein gesundes Bewusstsein für diesen Bereich zu entwickeln.

Versuchen Sie, Ihre Gedanken aktiv zu kontrollieren. Oft fällt das Vergleichen mit anderen erst im Nachhinein auf. Nehmen Sie sich am Abend ein paar Minuten Zeit und denken Sie darüber nach, ob es eine relevante Situation im Laufe des Tages gab. Dann versuchen Sie, sich daran zu erinnern, wie Sie sich danach gefühlt haben. Wenn Sie bewusst über Ihre Verhaltensweisen nachdenken, können Sie erlernen, diese besser zu kontrollieren.

3.3.2 Vergleiche sind erlaubt – der Ton macht die Musik

Wie bereits erwähnt, ist es nicht notwendig, komplett damit aufzuhören, Vergleiche zu ziehen. Das gilt sowohl für sich selbst als auch für den Vergleich mit anderen Kindern. Wichtig ist, dass Sie für einen Vergleich immer ausreichend Informationen heranziehen. Wenn Ihr Kind mit einem Jahr also noch gemütlich in der Ecke sitzt, anstatt zu laufen, dann mag das im Verhältnis zu anderen Kindern spät sein, aber im Querschnitt zu allen Kindern ist es nicht ungewöhnlich.

Möchten Sie ältere Kinder dazu anspornen, einen neuen Blickwinkel auf bestimmte Dinge zu erlangen, ist dieses Prinzip ebenfalls passend. Darüber hinaus können Sie in einem solchen Fall mit einer durchdachten Wortwahl viel richtig machen.

1. Verzichten Sie darauf, fragend zu formulieren:

„Thomas geht jeden Mittwoch schwimmen – er macht einen Rettungsschwimmerschein. Willst Du das nicht auch machen?"

Präsentieren Sie den Inhalt besser als eine wählbare Option:

„Thomas geht in einen Schwimmverein, in dem man einen Rettungsschwimmerschein machen kann. Die bieten auch Kurse für deine Altersklasse an. Wenn du Thomas fragst, kann er dir bestimmt mehr darüber erzählen."

Mit der Fragestellung wird suggeriert, dass es hier eine gewisse Erwartungshaltung gibt. Thomas macht das, mach du es doch auch. Wird jedoch lediglich die Information präsentiert, dass es eine Möglichkeit gibt, bleibt die Entscheidung, hier ein Interesse zu zeigen, beim Kind – ganz ohne Druck.

2. Klagen Sie nicht an:

„Warum hast du eine Vier in Mathe geschrieben? Anna hat immer nur gute Noten, die lernt nämlich ganz viel."

Bieten Sie Lösungen an:

„Wenn du deine Mathenote verbessern möchtest, kannst du vielleicht mit Anna lernen. Sie hat den Stoff gut verstanden."

Eine Lösung zu finden, ist immer besser als Schuld zuzuweisen – dieses Prinzip gilt in allen Bereichen der Erziehung.

3. Betrachten Sie die Situation nicht subjektiv:

„Ich verstehe nicht, warum du kein Instrument lernen willst. In deiner Klasse lernen fast alle Kinder ein Instrument."

Bewahren Sie Objektivität:

„Wenn du kein Interesse daran hast, ein Instrument zu spielen, möchtest du etwas anderes ausprobieren? Was wird denn noch so angeboten?"

Es geht häufig nicht darum, was Sie denken oder fühlen. Sie möchten vielleicht, dass Ihr Kind sich für die Malerei begeistert, so wie das Kind Ihrer Schwester. Aber Ihr Nachwuchs hat schlichtweg kein Interesse daran.

3.3.3 Machen Sie sich den Vergleich zu Nutze

Da das Vergleichen unser Belohnungssystem positiv aktivieren kann, ist es möglich, sich dieses aktiv zu Nutze zu machen. Mit einer kleinen Übung können Sie lernen, Situationen besser einzuordnen und eine positive Perspektive zu etablieren. Alles, was Sie dafür benötigen, ist etwas zum Schreiben.

1. Benennen Sie einen Punkt, mit dem Sie aktuell nicht zufrieden sind. Bewerten Sie Ihre Zufriedenheit zu diesem Punkt von 1 bis 10, wobei 10 voll und ganz zufrieden bedeutet.

   Beispiel: Mein 8-jähriger Sohn räumt sein Zimmer nicht auf. Wenn ich ihn dazu auffordere aufzuräumen, dann klappt es ein wenig, aber von alleine wird er nicht tätig. Auf einer Skala von 1 bis 10 gebe ich dieser Situation eine 5.

2. Benennen Sie drei Referenzpunkte aus der eigenen Vergangenheit oder auch von anderen Personen, zu denen Sie einen positiven Vergleich ziehen können.

   Beispiel: Als meine ältere Tochter in dem Alter war, hatten wir das gleiche Problem, heute hat sie gelernt aufzuräumen. / Noch vor wenigen Monaten hat mein Sohn es nicht einmal geschafft, nach Aufforderung sein Zimmer aufzuräumen, es ist bereits eine Besserung eingetreten. / Meine Nachbarin hat Zwillinge in dem Alter und somit die doppelte Arbeit – da habe ich viel weniger zu tun.

3. Bewerten Sie die genannte Situation erneut auf einer Skala von 1 bis 10 und schauen Sie, ob die gezielten positiven Vergleiche einen höheren Wert rechtferti-

gen. Sie werden sehen, dass es helfen kann, bewusst zu vergleichen.

Der Vergleich ist der korrupte Bruder der Gerechtigkeit.

*Erhard Blanck (*1942), Schriftsteller und Maler*

4 Fehler #4: Falsches Lob

Richtiges Loben will gelernt sein.

Das Loben ist ein fester Bestandteil jeder Erziehung. Dabei ist es für die Kindesentwicklung wichtig, dass das Lob sowie eine mögliche Kritik bewusst umgesetzt werden. Wenn zu viel und unnötig gelobt wird, kann dies einen negativen Effekt haben.

Alle Kinder sind richtig TOLL!

Es ist ein ganz normaler Tag auf dem Spielplatz. Thomas hilft seiner kleinen Nina dabei, auf Bäume zu klettern und in der Schaukel richtig weit nach oben zu kommen. Sie ist gerade mal zwei Jahre alt, aber sie genießt es, über jeden Stock zu hüpfen und auf die höchsten Gerüste zu klettern. Für Thomas ist das eine normale Sache, denn sein kleiner Engel konnte klettern, bevor sie gelaufen ist. Daher ist er überrascht, mit welchem Enthusiasmus die Eltern auf dem Spielplatz ihren Kleinen zurufen, wie toll sie doch sind, wenn sie alleine die Rutsche herunterrutschen oder über die Plattform am Holzhaus krabbeln. Es scheint, als würde es hier für jede noch so kleine gemeisterte Hürde einen Applaus geben. „Super!" „Ganz toll gemacht!" „Weiter so!" – die Zurufe sind von allen Seiten zu hören. Thomas entschließt sich, nicht in die Jubelrufe zu verfallen, fragt sich aber dennoch, ob er seine Klettermaus vielleicht zu wenig lobt.

Es ist ganz normal, dass man Kinder dafür lobt, wenn sie Dinge zum ersten Mal selbstständig meistern. Ob es die ersten Schritte sind oder die ersten Worte – solche Entwicklungserfolge sind für alle aufregend. Ein Lob ist hier eine sehr gute Bestätigung für das Kind. Was aber, wenn man immer wieder die gleichen Dinge lobt? Welchen Einfluss hat es auf ein Kind, wenn es für selbstverständliche Situationen gelobt wird? Und was passiert, wenn das Lob ausbleibt? Dieser Themenbereich wirft eine Reihe von Fragen auf. Es gibt viele Möglichkeiten, besser oder schlechter zu handeln. Nicht ohne Grund gibt es umfassende Forschungsansätze darüber, wie sich das Loben auf die Entwicklung von Kindern auswirkt. Dieses Kapitel wird sich daher ausführlich mit dem Loben und seinen Folgen beschäftigen.

4.1 Warum loben Eltern so viel?

Für Eltern sind die eigenen Kinder etwas ganz Besonderes. Ihr Beschützerinstinkt greift in guten wie in schlechten Situationen. Das Loben ist daher oft ein ganz normaler Reflex. Vor allem dann, wenn die Kleinen etwas Besonderes geschafft haben. Aber nicht alle Eltern loben auf die gleiche Art und Weise. Interessanterweise wird das Lob dabei nicht nur durch die Eltern bestimmt, sondern auch durch das Kind selbst.

Ein internationales Forscherteam veröffentlichte eine Studie darüber, wie und warum Eltern ihre Kinder loben. Unter anderem wurde im Rahmen dieser Studie festgestellt, dass Erwachsene dazu neigen, Kinder mit einem geringen Selbstbewusstsein besonders viel zu loben. Es ist eine Art intuitiver Reflex. Dieses häufige Loben führt jedoch oft dazu, dass das Selbstwertgefühl der Kinder weiter sinkt.

So wie die konstante Kritik an einem Kind einen negativen Effekt auf die Kindesentwicklung hat, scheint also auch das konstante Loben Probleme hervorzurufen. Sowohl die Häufigkeit des Lobens als auch die Art und Weise des Lobens spielen dafür eine wichtige Rolle.

Eltern loben aber nicht nur, weil sie das Selbstbewusstsein eines Kindes stärken möchten. Es geht häufig auch um eine Art Selbstbestätigung. Wenn das eigene Kind viele Dinge besonders gut macht, dann fühlt man sich als Elternteil in seiner Rolle bestätigt. Es ist gut, wenn das eigene Kind viel richtig macht!

Ein dritter Grund für das überschwängliche Loben ist der indirekte Wettbewerb mit anderen Kindern und Eltern. Wer auf dem Spielplatz besonders viele tolle Dinge tut, der stellt sich über die anderen Kinder und ist irgendwie besser. Dieses Wettbewerbsverhalten steht im Zusammenhang mit dem Streben nach Perfektion, dass bereits angeschnitten wurde.

4.2 Eltern loben heute anders

Das Verständnis für die Kindererziehung hat sich in den vergangenen Jahrzehnten drastisch gewandelt. In der Vergangenheit war es akzeptabel, Kinder körperlich wie mental zu disziplinieren. Für Lob und positives Feedback war da wenig Raum. In vielen Kulturen ist es bis heute üblich, eine strenge Kindererziehung zu nutzen, in der wenig auf das Kind als eine eigenständige Person geachtet wird – oft geht es darum, den Anweisungen der Erwachsenen zu folgen, ohne diese infrage zu stellen.

Vor allem in der westlichen Welt hat sich der Blick auf diesen Erziehungsstil geändert. Kinder werden von Beginn an als eigenständige Menschen akzeptiert, denen die Erwachsenen dabei helfen, ihre eigene Persönlichkeit zu entwickeln. Im Zuge dessen wurde auch klar, dass Strafen und ein negatives Feedback schädlich für die Entwicklung der Kinder sind. Für viele Eltern war und ist die Konsequenz daraus, dass Kinder ständig gelobt werden sollten.

Der Wandel der Erziehung spielt also ebenfalls eine wichtige Rolle für dieses Thema. Da sich dieser Bereich immer in einer Entwicklung befindet, ist es wichtig, nicht nach allgemeingültigen Antworten zu suchen. Das Loben ist dafür ein gutes Beispiel. Auch wenn ein fehlendes Lob und die ständige Kritik kontraproduktiv sind, liegt die Antwort nicht darin, überschwänglich zu loben. Wie immer ist eine gesunde Balance der beste Weg – wie diese aussehen kann, wird später in diesem Kapitel betrachtet. Zunächst stellt sich die Frage, welche negativen Auswirkungen das falsche Loben für die Entwicklung eines Kindes haben kann.

4.3 Die Erwartungen sind hoch

„Wow, du kannst ja toll mit Ton arbeiten. Das ist eine richtig schöne Blume!" Ein Lob, das auf den ersten Blick positiv ist. Für ein Kind, das ein eher geringes Selbstbewusstsein hat, kann ein solches Lob jedoch eine hohe Belastung bedeuten. Denn was, wenn die nächste Blume nicht so toll aussieht? Wird nun die Selbsterwartung hochgesteckt, hat dies gleich mehrere negative Folgen. Zum einen steht das Kind unter Druck, etwas ganz Besonderes zu machen – selbst dann, wenn es zum Beispiel einfach nur mit Ton bastelt. Klappt es dann beim nächsten Mal nicht so gut, fühlt sich das Kind, als hätte es versagt. Außerdem entwickeln die Kinder eventuell ein ausgeprägtes Schamgefühl, wenn es um die eigenen Leistungen geht.

4.4 Ohne Lob nix los

Wird ständig gelobt, entwickelt sich eine Art Abhängigkeit zwischen den Eltern und Kindern, die darüber bestimmt, wie sehr die Kinder sich in einer Situation entfalten können.

Der Sprung ins kalte Wasser
Fatima ist mit ihrer Mama und Tante Tina im Schwimmbad. Sie liebt es, auf den kleinen Sprungturm zu klettern und von dort ins Wasser zu springen. Was sie besonders gut findet, ist, dass Mama ihr immer dabei zuschaut und ihr dann zuruft, wie toll sie es doch gemacht hat. Es scheint Mama richtig stolz zu machen, dass sie so toll ins Wasser springen kann. Jetzt steht sie schon seit zehn Minuten neben dem Sprungturm und möchte wirklich gerne ins Wasser hüpfen – aber Mama ist nicht zu sehen. Sie steht an der Imbissbude und wartet auf Pommes. Vielleicht kann Tante Tina ja zusehen, wie sie es macht. Also winkt sie ganz aufgeregt zu Tina und ruft ihr zu, dass sie zusehen soll, wie sie springt. Nach dem Sprung rennt sie dann ganz aufgeregt zu ihrer Tante – die sitzt auf der Decke und liest ein Buch. Sie sagt nicht, wie toll Fatima gesprungen ist. Ob sie es nicht richtig gemacht hat? Sie entscheidet sich, auf der Decke sitzen zu bleiben, bis Mama wieder da ist. Dann kann sie ihr dabei zusehen, wie schön sie ins kalte Wasser springt.

Wird übermäßig gelobt, kann die Freude an der Aktivität in den Hintergrund treten. Dann geht es nicht mehr darum, vom Einmeterbrett zu springen oder Fußball zu spielen, es geht plötzlich darum, eine positive Reaktion von außen zu bekommen. Ist ein Kind auf eine konstante Fremdbestätigung angewiesen, verliert es schnell die Fähigkeit, aus eigenem Antrieb gute Leistungen zu bringen. Hinzu kommt, dass das Kind das Gefühl haben kann, dass die Leistungen nur dann gut sind, wenn sie durch jemand anderen als solches benannt werden.

4.5 Wenn das Loben zum Lügen führt

„Du bist so gut in der Schule! Du hast immer so tolle Noten. Ganz toll gemacht!" Ob es die ersten Tests mit einem lachenden Smiley im Tornister sind oder es bereits Noten gibt, ein überschwängliches Loben für gute Noten kann zu Problemen führen. Es ist keine Seltenheit, dass Kinder im Grundschulalter ganz unterschiedliche Leistungen an den Tag legen. Wo der erste Mathetest die volle Punktzahl zeigt, kann der nächste Test ein trauriges Simleygesicht haben.

Ist ein Kind in der Lage zu verstehen, dass man nicht immer nur Bestleistungen bringen kann, ist ein schlechter Test kein Grund zur Sorge. Wird aber durch ein zu häufiges Loben die Idee gepflanzt, dass jeder Test gut zu sein hat, fühlt sich das Kind sofort schlecht. Dies kann zur Folge haben, dass das Kind zum Beispiel den Test verheimlichen möchte. Es beginnt vielleicht zu lügen, um die schlechte Note zu vertuschen. Ein solches Verhalten kann zur Gewohnheit werden. Hat das Kind das Gefühl, den Ansprüchen nicht gerecht zu werden, versucht es mit einer Lüge das angebliche Problem zu vertuschen.

Forscher der University of Toronto haben in einem Experiment nachgewiesen, wie sich ein falsches Loben darauf auswirken kann, dass Kinder bereit sind, in einem Spiel zu schummeln. Im Rahmen des Experiments wurden Kinder im Alter von drei bis fünf Jahren in zwei Gruppen aufgeteilt. Die Gruppen spielten jeweils das gleiche Spiel mit mehreren Durchgängen. Der ersten Gruppe wurde nach dem Spiel gesagt, dass sie besonders schlau sind. Die Kinder der zweiten Gruppe wurden nicht für ihre allgemeine Intelligenz gelobt. Ihnen wurde gesagt, dass sie in bestimmten Raterunden besonders gut gewesen sind.

Nach dem Loben verließen die Wissenschaftler den Raum für einen Moment. Die Kinder beider Gruppen mussten versprechen, dass sie nicht auf die Lösungszettel schauen, um die richtigen Antworten in der nächsten Runde zu kennen.

Die Studie fand heraus, dass die Kinder, deren Intelligenz gelobt wurde, eine höhere Bereitschaft zeigten zu schummeln als die andere Gruppe. Es ist davon auszugehen, dass sie dem Druck gerecht werden wollten, weiterhin durchgehend gute Leistungen zu bringen.

4.6 Loben kann falsche Fähigkeiten vortäuschen

Stellen Sie sich vor, jedes Mal, wenn Sie eine ganz alltägliche Aufgabe erledigen, würde Sie jemand in den höchsten Tönen dafür loben. Wie schnell wären Sie wohl davon überzeugt, dass Sie diese alltäglichen Aufgaben besser erledigen als jeder andere? Und wie schnell würden Sie dieses Hochgefühl wohl auch auf andere Bereiche des Lebens übertragen? Wer anhaltend von außen eine Bestätigung erhält, kann sich nicht davor schützen, eine überzogene Selbstsicherheit aufzubauen. Und obwohl es wichtig ist, selbstbewusst in den eigenen Fähigkeiten zu sein, ist es kontraproduktiv, sich selbst zu überschätzen.

Kinder, denen in allen Lebenslagen gesagt wird, dass sie etwas ganz Besonderes sind und dass sie alles ganz toll können, fehlt die Fähigkeit der realistischen Selbsteinschätzung. Die Grundlagen dafür werden bereits im Kindergartenalter gelegt. Werden einfache Dinge wie das Malen von Blumen oder das Schuhe anziehen als eine spezielle Leistung dargestellt, gerät der innere Kompass außer Lot. Oft haben es die Kleinen dann schwer, sich in der Grundschule einzuleben. Denn plötzlich entfällt das anhaltende Loben und die Kinder beginnen, sich mit anderen zu vergleichen. Sie sehen, dass andere Kinder die gleichen Fähigkeiten haben wie sie selbst und einige sogar besser sind – die Einordnung in diese neue Realität ist in einem solchen Fall schwer umzusetzen.

Ein klassisches Beispiel für dieses Problem ist das Loben der Intelligenz eines Kindes – unabhängig davon, ob das Kind nun besonders schlau ist oder nicht. Denn der eigene Intellekt basiert nicht auf einer eigenen Leistung. Fällt es einem Kind leicht, das Lesen zu lernen, liegt das nicht daran, dass es irgendetwas richtig oder gut gemacht hat. Das Gleiche gilt, wenn ein Kind etwa Schwierigkeiten mit Zahlen hat – diese sind nicht durch das Kind verursacht worden. Wird das Kind nun dafür gelobt, dass es gut in Mathe ist oder schnell lesen kann, kann es passieren, dass es davon überzeugt ist, dass es all diese Dinge einfach kann. Und obwohl das in den ersten ein oder zwei Schuljahren durchaus zutreffen kann, wird es früher oder später nicht mehr ausreichen, einfach eine gute Auffassungsgabe zu haben. Es wird der Zeitpunkt kommen, an dem sich das Kind aktiv mit dem Stoff auseinandersetzen und lernen muss. Passiert dies aber nicht, weil es davon überzeugt ist, dass es sehr schlau ist, wird es zu Misserfolgen kommen. Dem Kind fällt es in diesen Situationen schwer zu begreifen, was passiert ist, denn es wurde doch immer wieder für seine tollen Leistungen gelobt.

4.7 Kinder verlieren das Interesse

Wenn Kinder eine neue Fähigkeit erlernen, möchten sie diese in allen Facetten ausprobieren. Das Interesse daran erlischt oft erst dann, wenn es nichts Neues zu entdecken gibt oder es einfach keinen Spaß macht. Hat ein Kind die Möglichkeit, die neue Aktivität ungehindert zu erkunden, bleibt es dabei oft länger am Ball, als wenn es ständig gelobt wird.

Wenn ein Kind zum Beispiel mit dem Malen beginnt, neigen Eltern dazu, jedes Bild als ein erstaunliches Kunstwerk zu behandeln. Wird von Anfang an gesagt, dass alles richtig toll ist, gibt es in den Augen des Kindes nichts mehr zu lernen – schon ist das Interesse am Malen vergangen.

Darüber hinaus wird dem Kind die Möglichkeit der Selbstkritik verwehrt. Was ist, wenn das Kind sein Kunstwerk nicht mag? Es ist hilfreich, in einen Dialog zu treten und herauszufinden, wie sich das Kind selbst einschätzt. So fällt es leichter, echtes Lob auszusprechen, wenn es fällig ist. Versucht das Kind immer wieder ein Auto zu zeichnen, und es hat im 10. Versuch endlich die richtige Perspektive gezeichnet, ist ein Lob eine gute Bestätigung für die harte Arbeit.

4.8 Bedingungslose Liebe

Bevor es um Möglichkeiten geht, bewusst zu loben, soll ein wichtiges Grundprinzip angesprochen werden – die bedingungslose Liebe! Wenn man Sie fragt, ob Sie Ihr Kind in allen Situationen bedingungslos lieben, werden Sie instinktiv mit „ja" antworten. Eltern möchten ihren Kindern immer das Gefühl geben, dass sie bei ihnen sicher und geliebt sind. Allerdings ist es nicht einfach, diesen Wunsch zu realisieren. Auch Eltern sind Menschen mit Bedürfnissen, Meinungen und Erwartungen. Es ist nahezu unmöglich, die eigene Lebensphilosophie und die damit zusammenhängenden Erwartungen von den Kindern fernzuhalten.

Kinder streben danach, die Anerkennung ihrer Eltern zu bekommen. Sie möchten ihre Eltern glücklich machen. Wenn ein bestimmtes Verhalten dazu führt, dass es mehr Lob und Anerkennung gibt, wird dieses Verhalten häufiger an den Tag gelegt. Optimal ist es jedoch, wenn ein Kind das Gefühl hat, dass es immer bedingungslos geliebt wird, unabhängig von seinem Verhalten. Wenn eine solche Beziehung besteht, bleibt ausreichend Raum für ein konstruktives Lob sowie Kritik. Das Kind lernt dann, sich mit seinen eigenen Fähigkeiten auseinanderzusetzen. Es wird in der Lage sein, Entscheidungen zu treffen, die auf den eigenen Ideen und Wünschen basieren.

Es geht also nicht darum, Kinder nicht zu loben. Wichtig ist, dass das Lob richtig von den Kindern eingeordnet werden kann. Dafür gibt es eine Reihe von Wegen zur bestmöglichen Umsetzung.

4.9 Die richtigen Worte finden

1. Wer immer wieder lobt, verwischt die Maßstäbe dafür, was gut und was schlecht ist. Wenn jeder befüllte Sandeimer mit einem euphorischen „Toll!" beklatscht wird, kann das Kind nicht lernen, wann es etwas Tolles erreicht hat und wann nicht. Natürlich bedeutet dies nicht, dass man ein spielendes Kind anschweigen soll. Eine Alternative zum Loben ist es, die Situation zu benennen.

   Statt: Ganz toll!

   Besser: Du hast den Eimer mit Sand befüllt.

2. Ein weiterer Satz, der viel zu häufig eine Verwendung findet, ist: „Das hast du gut gemacht!". Ob das Kind ein Bild gemalt oder ein Legoauto gebastelt hat – es geht ihm selten darum, Anerkennung dafür zu bekommen. Die Kinder wollen spielen oder sich kreativ ausleben. Wird dann eine Wertung wie „gut gemacht" abgegeben, setzt das Kind die Situation in einen neuen Kontext. Plötzlich geht es darum, eine Leistung erbracht zu haben.

   Statt: Das hast du gut gemacht!

   Besser: Du hast einen Regenbogen gemalt – ich sehe, er hat viele schöne Farben!

3. Eltern neigen dazu, ein Lob auszusprechen, wenn ein Kind eine bestimmte Handlung ausübt, die sie sehen möchten. Probiert ein Kind ein neues Gemüse, folgt nicht selten ein Lob dafür. Hier kann etabliert werden, dass das Kind das Gemüse nur isst, weil Mama sich dann freut. Dabei ist es wichtiger zu begreifen, dass Gemüse gesund ist und zu einer guten Ernährung dazugehört.

   Statt: Super gemacht, du hast deinen Brokkoli aufgegessen!

   Besser: Du hast den ganzen Brokkoli aufgegessen, das ist sehr gesund.

4. Es gibt ein paar Themen, die in jedem Haushalt mit Kindern relevant sind. Das Teilen von Spielzeug mit den Geschwistern oder anderen Kindern ist dafür ein gutes Beispiel. Wird ein Kind anhaltend dafür gelobt, dass es seine Spielsachen teilt, neigt es dazu, dies nur dann zu tun, wenn jemand dabei zusieht. Es hat in diesem Fall gelernt, dass es für ein bestimmtes Verhalten ein positives Feedback gibt. Das Kind teilt dann nur, um dieses Feedback zu erhalten, nicht aber, weil es eine gute Sache ist zu teilen.

   Statt: Es ist ganz toll von dir, dass du dein Spielzeug teilst.

   Besser: Es macht deine Schwester sehr glücklich, dass sie auch mit deinem Fußball spielen kann.

5. Kinder lieben es, sich kreativ auszuleben. Wird dafür ein Lob ausgesprochen, kann das den kreativen Prozess negativ beeinflussen. Beim nächsten Versuch,

ein Puzzle zu lösen oder ein Bild zu malen, hat das Kind eine gewisse Erwartung an das Ergebnis – diese kann dazu führen, dass es sich unter Druck gesetzt fühlt. Dies hat zur Folge, dass die Kreativität behindert wird.

Statt: Dieses Rätsel hast du ganz hervorragend gelöst!

Besser: Kannst du mir erklären, wie du dieses Rätsel gelöst hast?

4.10 Fixed Mindset vs. Groth Mindset

Kinder, die ständig gelobt werden, neigen dazu, Herausforderungen zu meiden. Um dies nachzuweisen, gibt es ein bekanntes Experiment. Kindern in der gleichen Altersklasse wird eine Aufgabe gestellt. In der Regel ist es eine recht leichte Aufgabe, die sie ohne Probleme lösen können. Anschließend wird der einen Hälfte der Kinder gesagt, wie schlau sie sind, der anderen wird gesagt, dass sie sich sehr angestrengt haben, um die Aufgabe zu lösen.

Im nächsten Teil des Experiments werden den Kindern zwei Aufgaben präsentiert. Eine der Aufgaben ist leicht, eine andere ist anspruchsvoller. Die Kinder können wählen, welche sie erledigen möchten. Die erste Gruppe entscheidet sich nahezu zu 100 % für die leichte Aufgabe, bei der zweiten Gruppe ist das Ergebnis genau andersherum.

Die als besonders schlau bezeichneten Kinder haben Angst davor, diesen Status zu verlieren – sie sind nicht bereit, das Risiko einzugehen, bei einer anspruchsvollen Aufgabe zu versagen. Die Vergleichsgruppe wurde jedoch für die persönliche Anstrengung gelobt. Diese Kinder hatten keine Angst vor dem Versagen, sondern wussten, dass sie in der Lage sind, sich erneut anzustrengen.

Durch die Art des Lobens wird also ein bestimmtes Denkmuster etabliert. Experten sprechen hier von einem Fixed Mindset und einem Groth Mindset. Personen mit einem Fixed Mindset gehen davon aus, dass Dinge in einer bestimmten Art und Weise vorliegen und dass man diese nicht ändern kann. Die Kinder der ersten Gruppe sind davon überzeugt, dass ihre Intelligenz in einer bestimmten Form vorliegt und unveränderbar ist – sie geben sich mit dem Ist-Zustand zufrieden.

Wer ein Groth Mindset hat, geht davon aus, dass man aus der eigenen Anstrengung heraus den Ist-Zustand verbessern kann. Solche Personen haben keine Angst, neue Dinge zu probieren und Herausforderungen anzunehmen.

4.11 Ehrliches Loben praktizieren

Ein Weg, Lob richtig zu nutzen, basiert auf einem ehrlichen Feedback. Loben Sie nur dann, wenn Sie wirklich das Gefühl haben, dass etwas Lobenswertes passiert ist. Es ist absolut in Ordnung, eine unkenntliche Zeichnung als solche einzuordnen. Dabei geht es nicht darum, auf Fehler hinzuweisen, sondern die Realität zu benennen. Wenn das Kind stolz ein Bild zeigt, auf dem eine Blume zu sehen sein soll, dann ist es erlaubt, zu sagen: Das soll eine Blume sein? Das habe ich nicht sofort erkannt. Dieses Feedback hilft dabei, die eigene Leistung richtig einzuordnen.

Schauen Sie außerdem darauf, welche Eigenleistung tatsächlich erbracht wurde. Hat die Tochter in ihrem Fußballspiel gleich zwei Tore geschossen, darf das lobend erwähnt werden. Hat sie ein durchschnittliches Spiel gespielt und leider keinen Ball ins Tor geschossen, ist es kontraproduktiv, sie dafür überschwänglich zu loben.

4.12 Leistungen sind lobenswert
Wenn Leistungen und Anstrengungen gelobt werden, kann das Kind erkennen, was es selbst beigetragen hat, um ein Lob zu erhalten. Wird ein allgemeiner Zustand gelobt, hilft es dem Kind nicht, die Leistung zu verstehen. „Du bist sehr hübsch", mag ein gut gemeintes Kompliment sein, es bezieht sich jedoch nicht auf eine persönliche Errungenschaft. „Du hast dir heute ganz alleine ein tolles Outfit zusammengestellt." Hier wird darauf hingewiesen, dass das Kind selbst etwas geschafft hat.

4.13 Altersgerecht Loben
Nicht nur das Loben will gelernt sein, auch das Gelobt werden bedarf einiger Übung. Kleinkinder und Kindergartenkinder haben einen ganz anderen Bezug zu diesem Thema als Schulkinder und Teenager. Je älter ein Kind wird, umso mehr persönliche Erfahrungen sind vorhanden, um ein Lob richtig einzuordnen. Daher ist es wichtig, Kinder entsprechend ihrer Altersklasse zu loben.

In den ersten Lebensjahren ist es wichtig, ein Lob in dem Moment auszusprechen, in dem es relevant ist. Die Kleinen sind zumeist nicht in der Lage, Situationen aus der Vergangenheit richtig einzuordnen. Wenn Tom mit Oma im Park war und das erste Mal die Rutsche alleine hinuntergerutscht ist, ist es nicht hilfreich, wenn er am Abend von Mama ein Lob dafür bekommt. Erst ab einem Alter von etwa drei Jahren können die Kinder auf Situationen in der Vergangenheit konkret Bezug nehmen.

Bei Kindern im Kindergartenalter ist es möglich, ein bestimmtes Lob mehrfach auszusprechen. Wenn Anke beim Turnen einen neuen Sprung gelernt hat und diesen mehrfach richtig macht, kann dies auch mehrfach gelobt werden. Am besten das Lob im Kontext benennen: „Du hast diesen neuen Sprung erst letzte Woche gelernt, und du wirst immer besser darin." Wichtig ist, dass das Erlernte ab einem bestimmten Zeitpunkt nicht mehr als besondere Leistung anerkannt wird. Hier gilt es, eine eigene Balance zu finden. Einige Kinder akzeptieren recht schnell, dass sie eine neue Fähigkeit haben, und sie bilden zeitnah das dazugehörige Selbstbewusstsein aus. Andere brauchen ein wenig länger, um ihre eigenen Stärken zu akzeptieren.

4.14 Jedes Kind reagiert anders auf Lob

Wie bereits erwähnt, sind vor allem Kinder mit einem geringen Selbstbewusstsein durch Lob schnell verunsichert. Kinder mit einem guten Selbstwertgefühl können hingegen durch das Lob eine neue Motivation erhalten. Daher ist es wichtig, dass das Lob auf das Kind maßgeschneidert ist.

Wenn Sie sich nicht sicher sind, wie Ihr Kind mit Lob umgeht, achten Sie auf die folgenden Verhaltensweisen:

- Mein Kind nimmt Lob aktiv zur Kenntnis.
- Mein Kind freut sich über ein positives Feedback.
- Mein Kind fragt, ob es etwas gut gemacht hat.
- Mein Kind stellt sich gern neuen Aufgaben.
- Mein Kind möchte immer, dass ihm beim Spielen zugeschaut wird.

Je freier Ihr Kind davon ist, auf die Bestätigung durch Sie oder andere zu warten, umso besser ist das Selbstwertgefühl.

4.15 Lob darf kein Vergleich sein

„Du bist ja viel besser im Schwimmen als die anderen Kinder in deiner Klasse!" Aussagen wie diese begünstigen die Ausbildung von Konkurrenzdenken. Denn ein solches Lob ist nicht darauf fokussiert, das Können des Kindes in den Mittelpunkt zu stellen. Es geht vor allem darum, dieses Können mit anderen zu vergleichen. Wenn ein Kind seine eigenen Leistungen nur dann als gut anerkennt, wenn sie im Vergleich zu anderen besser sind, ist eine persönliche Unzufriedenheit vorprogrammiert.

Es ist daher wichtig, immer die individuellen Fähigkeiten zu loben und keine außenstehenden Vergleichspunkte zu verwenden.

Ein Selbstvergleich hingegen ist eine gute Idee. „Du hast fleißig geübt, und nun schwimmst du viel schneller als noch vor zwei Monaten." Hier wird erneut darauf aufgebaut, dass die Leistung durch die eigene Anstrengung erbracht wurde.

4.16 Auch der Weg ist das Ziel

Wenn immer nur gelobt wird, dass ein besonders gutes Endresultat vorhanden ist, kann dies ebenfalls einen unnötigen Druck aufbauen – auch dann, wenn das Lob passend und nicht überschwänglich eingesetzt wird. Wird zum Beispiel im schulischen Umfeld nur gelobt, wenn es eine gute Note gibt, fallen schlechte Noten besonders schwer ins Gewicht. Daher ist es relevant, auch den Weg zur guten Note bzw. zum tatsächlichen Ergebnis zu loben. „Du hast dir wirklich viel Mühe gegeben und viel für diese Deutschklausur gelernt." Hier geht es nicht darum, welches Resultat erzielt wurde, sondern dass das Kind nach seinen Möglichkeiten sein Bestes gegeben hat.

5 Fehler #5: Offene Grenzen

*Grenzenlose Liebe bedeutet nicht
grenzenlose Freiheit.*

Das Thema Grenzen ist in der Kindererziehung eine echte Kontroverse. Es gibt eine Vielzahl von Ideen und Überzeugungen rund um die Grenzen für Kinder. Das Spektrum reicht von klaren Regeln bis hin zu grenzenloser Freiheit für die Kleinen.

Deshalb wird in diesem Buch von Anfang an klar gestellt: Kinder brauchen Grenzen – wie diese gesteckt werden und was diese Grenzen sind, muss jedoch jede Familie für sich selbst definieren. Darüber hinaus ist es sinnvoll, die natürlichen Grenzen zu nutzen, die das Leben und die Gesellschaft automatisch vorgeben. Wichtig ist, dass Sie eine gute Balance finden, die für Ihr Kind und Ihre gesamte Familiendynamik funktioniert.

5.1 Was sind Grenzen?

Vor der Erläuterung, was zu viele oder zu wenige Grenzen bewirken können, sollte die Idee der Grenzsetzung für Kinder klar definiert sein. Jesper Juul, ein bekannter dänischer Familientherapeut, benannte Grenzen als Regulatoren der menschlichen Beziehung. Seine Erziehungstheorien basieren stark darauf, dass Elternteile und Kinder als eigenständige Personen wahrgenommen und respektiert werden müssen. Über diese Kenntnisnahme soll dann ein gemeinsames Leben gestaltet werden. Nach Juul ist dieser der beste Weg, eine Erziehung im Sinne der Heranwachsenden zu gestalten und den Fokus nicht auf den Vorteil der Erzieher zu legen.

Mit diesem Gedanken im Hinterkopf sind Grenzen etwas sehr Individuelles. Bereits Babys zeigen durch ihr Verhalten, dass sie ganz unterschiedliche Grenzen haben. Wo das eine Baby es genießt, mit dem Hund zu interagieren, dreht das andere weinend den Kopf zur Seite – die gleiche Situation definiert unterschiedliche Verhaltensweisen.

Schnell wird klar, dass es keine allgemeingültige Definition dafür gibt, was Grenzen sind oder was sie zu sein haben. Vor allem innerhalb der Familie ist es schwer, einen echten Einblick zu erhalten und zu verstehen, warum bestimmte Sachen passieren oder warum eben nicht.

Allerdings ändert sich dies drastisch, sobald zunehmend die Grenzen anderer Personen ins Spiel kommen. Ob beim Besuch auf dem Spielplatz, bei Omas Gartenparty oder im Kindergarten – je mehr Personen an einer Situation beteiligt sind, umso komplexer wird das Zusammenspiel der individuellen Grenzen. Hier ist eines absolut wichtig: Die Grundregeln des respektvollen Zusammenlebens sollten immer beachtet werden. Verbale wie körperliche Gewalt jeglicher Form überschreiten immer eine Grenze und sind in keinem Fall akzeptabel.

Für Kinder ist es wichtig zu verstehen, dass andere nicht die gleichen Grenzen haben wie sie selbst. Ein großer Teil der Erziehung zu diesem Thema sollte also darin bestehen, die Grenzen anderer zu erkennen und zu respektieren, während das Kind gleichzeitig lernen muss, mit seinen eigenen Grenzen richtig umzugehen.

5.2 Grenzen setzen – wie soll das funktionieren?

Vielleicht haben Sie es bereits erkannt – das Setzen von Grenzen ist nicht dazu da, die Kinder in Schach zu halten, damit die Eltern und andere Menschen ihre Ruhe vor den Kleinen haben. Es geht hier nicht darum, einen Alltag zu schaffen, in dem Kinder so funktionieren, dass die Eltern ihren Alltag ohne Probleme bewältigen können. Es geht darum, dass die Kinder sich an die sozialen Grundregeln halten und darüber hinaus ihre eigenen Grenzen kennenlernen und verstehen. Das kann auch bedeuten, dass man als Elternteil eine andere Meinung dazu hat, die des Kindes aber dennoch respektieren sollte. Es ist nicht die Aufgabe der Kinder, die Eltern glücklich zu machen – es ist die Aufgabe der Eltern, ihre Kinder zu glücklichen Menschen zu erziehen.

5.3 Extreme sind immer ein Problem

Wie bereits erwähnt, gibt es eine Reihe von Konzepten rund um das Thema. Viele Eltern sind dabei in der Lage, ganz ohne Hilfe eine gute Balance zu schaffen, die für die ganze Familie funktioniert. Vielleicht haben Sie sich selbst noch gar nicht bewusst mit dem Thema befasst? Vielleicht haben Sie aber auch ganz bewusst einen Weg gefunden, um Ihrem Kind dabei zu helfen, Regeln und Grenzen zu begreifen und einzuhalten. In beiden Fällen ist die Wahrscheinlichkeit groß, dass Sie in diesem Bereich wenige Probleme haben.

Interessanterweise entstehen Probleme oft in Familien, die eine sehr radikale Einstellung zu diversen Erziehungsmodellen haben. Sie versuchen dadurch, eine bestehende Unruhe in der Familie zu beheben. In Sachen Grenzen setzen kann dies in zwei Richtungen ausschlagen. Zum einen gibt es Familien, die davon überzeugt sind, dass Kinder eine Vielzahl an strengen Regeln und Grenzen einzuhalten haben, ohne diese zu hinterfragen. Zum anderen gibt es Eltern, die gänzlich darauf verzichten, Regeln zu setzen, um der möglichen Konfrontation aus dem Weg zu gehen. Beide Konzepte sind fragwürdig. Dieses Kapitel wird sich vor allem auf die permissive Erziehung konzentrieren. Dabei geht es um eine Erziehung, die auf Grenzen und Regeln komplett verzichten möchte. Welche Auswirkungen dies auf die Kinder haben kann und warum Eltern dazu neigen, einen lässigen Erziehungsstil zu bevorzugen, wird im Folgenden genauer beleuchtet.

5.4 Historische Bedeutung

Warum scheint es vielen Eltern schwerzufallen, in Sachen Erziehung eine gelungene Balance als angestrebtes Ziel zu akzeptieren? Die Gründe dafür sind vielschichtig und variieren vor allem zwischen verschiedenen Kulturkreisen sehr stark. Um die aktuelle Entwicklung im deutschsprachigen Raum richtig einschätzen zu können, lohnt es sich, einen Blick auf die Erziehung im Wandel der vergangenen Jahrzehnte zu legen.

Der Zweite Weltkrieg stellte ganz Europa auf den Kopf. In den Jahren nach dem Krieg verbreitete sich schnell ein strenger, autoritärer Erziehungsansatz. Kinder wurden vor allem auch körperlich diszipliniert. Gehorsamkeit, Disziplin, Anpassung und Unterordnung standen hier klar im Mittelpunkt – die klassischen Merkmale eines guten Soldaten.

Damals lag der Fokus in allen Konstellationen auf den Meinungen und Wünschen der Erwachsenen. Es ging nicht darum, das Kind als eigenständige Person zu erziehen, sondern als gehorsamen Gefolgsmann. Um dies durchzusetzen, wurden alle denkbaren Mittel eingesetzt. Zwang, Bestrafungen und körperliche Maßregelung gehörten zur Erziehung dazu.

Die Kinder dieser Generation wuchsen zu Jugendlichen und jungen Erwachsenen heran, die sich aktiv von dieser Unterdrückung befreien wollten. Sie selbst setzten in der Erziehung darauf, auf Regeln und Konsequenzen zu verzichten. In den 70er Jahren kam es zu einer regelrechten Revolution gegen jede Art von Oppression. Plötzlich standen sich zwei radikale Überzeugungen gegenüber, die jeweils versuchten, die Überhand zu gewinnen. Das darauffolgende Chaos in der Welt der Erziehungspädagogik war sozusagen vorprogrammiert. In den 80er Jahren etablierte sich eine Vielzahl von neuen und oft drastischen Ideologien innerhalb der Pädagogik.

Dies legte die Grundlage für das heutige Erziehungsbild. Moderne Erziehung setzt darauf, Kinder als Individuen zu behandeln. Darüber hinaus ist eine körperliche Züchtigung jeder Art ein gesellschaftliches Tabu – auch wenn der Gesetzgeber erst im Jahr 2000 die häusliche Gewalt gegen Kinder in allen Facetten als Straftat benannte.

In welcher Form ein Kind sich am besten als Individuum entfalten kann, dafür gibt es kein einheitliches Grundverständnis. Ein Grund dafür ist die Revolution der Nachkriegskinder, die den Anstoß für eine freie Erziehung gab. Ganz allgemein lässt sich jedoch sagen, dass eine Erziehung ohne Grenzen einen größeren Anklang findet als die radikale Einschränkung von Kindern. Denn obwohl beide Extreme gesellschaftlich nicht voll anerkannt sind, trifft die grenzenlose Erziehung auf mehr Akzeptanz als die komplette Unterdrückung eines Kindes.

5.5 Ohne Grenzen keine Selbstkontrolle

Eltern, die auf Grenzen für ihre Kinder verzichten, haben oft ein Ziel vor Augen – sie wollen ihre Kinder glücklich sehen. Sie möchten den Kleinen jeden Wunsch erfüllen und es um jeden Preis vermeiden, dass sie weinen oder traurig sind.

Sie sehen Grenzen als einen Auslöser für unglückliche Kinder. Der Grund für diese Überzeugung könnte darin liegen, dass diese Eltern einen wichtigen Entwicklungsschritt des Kindes übersehen. Babys sind nicht in der Lage, individuelle Wünsche zu äußern. Ihr Wesen ist in allen Facetten auf die eigenen Bedürfnisse aufgebaut. Wenn ein Baby weint, hat es Hunger oder ist müde und braucht konkrete Dinge wie Essen oder körperliche Nähe. Hier geht es aber nicht darum, dass Eltern dem Baby einen Wunsch erfüllen – es werden Grundbedürfnisse bedient. Das Bedienen dieser Bedürfnisse ist wichtig, um die mentale wie körperliche Entwicklung der Babys zu sichern. Daher ist es richtig, immer für die Kleinen da zu sein und sie zu halten, wenn sie weinen.

Je älter die Kleinen werden, umso mehr differenzieren sich jedoch Bedürfnisse und Wünsche voneinander. Wenn ein Kleinkind Schokolade essen möchte, soll kein Grundbedürfnis gestillt werden – das Kind hat keinen Hunger, sondern den Wunsch nach Schokolade. Wird dieser nicht als solcher wahrgenommen und mit einem Grundbedürfnis gleichgestellt, fällt es Eltern schwer, „Nein" zu sagen oder Grenzen aufzuzeigen. Entscheidungen werden unreflektiert den Kindern überlassen.

Es gibt eine Reihe von Forschungsansätzen, die sich mit den Konsequenzen einer grenzenlosen Erziehung befasst. Viele Forschungsreihen kommen dabei zu ähnlichen Ergebnissen. Kinder, denen das Verständnis für Grenzen und Regel fehlt, haben in allen Altersstufen und auch im Erwachsenenalter mit diversen Problemen zu kämpfen:

- Geringe Selbstkontrolle im Vorschulalter
- Geringe Frustrationstoleranz
- Wenig Durchhaltevermögen
- Unselbstständigkeit im Jugendalter

Viele dieser Dinge erschweren es den Betroffenen, sich in gesellschaftlichen Konstrukten zurechtzufinden. Ob im Kindergarten oder später im Job, es kommt immer wieder zu Problemen.

5.6 Die Folgen sind vielschichtig

Es gibt kaum einen Bereich der Entwicklung, der nicht direkt oder indirekt durch die Folgen einer grenzenlosen Erziehungsmethode beeinflusst wird.

1. Eines der größten Probleme der grenzenlosen Erziehung ist die fehlende Motivation für eine persönliche Weiterentwicklung. Kindern wird frühzeitig beigebracht, dass es keinen Grund gibt, sich für Dinge zu interessieren, die keinen Spaß machen oder Anstrengung erfordern:

   „Ich mache, was mir Spaß macht. Wenn es zu schwierig wird, gebe ich einfach auf!"

2. Persönliches Glück lässt sich nur dann finden, wenn man weiß, was einen wirklich glücklich macht. Hat ein Kind immer zu allem Zugang und jeder Wunsch wird von den Lippen abgelesen, ist es schwer zu begreifen, was wahres Glück bedeutet.

   „Ich bekomme immer, was ich will – das macht mich glücklich!"

3. Der richtige Umgang mit Enttäuschung oder Trauer ist fundamental für eine gesunde Psyche. Niemand ist in der Lage, jeden Aspekt seines Lebens selbst zu steuern. Früher oder später wird es dazu kommen, dass man enttäuscht wird oder jemanden verliert. Wenn Eltern bei jedem Jammern einfach nachgeben,

ist das Kind nicht in der Lage, diese Fähigkeit zu erlernen.

„Wenn ich etwas will, dann weine ich einfach, bis ich es bekomme!"

4. Im Rahmen der grenzenlosen Erziehung wird das Kind immer in den Mittelpunkt gestellt. Es lernt nicht, auf andere Rücksicht zu nehmen oder deren Wünsche und Gefühle zu erkennen. Dies führt zu Konflikten mit anderen. Es gibt Erziehungswissenschaftler, die einen direkten Zusammenhang zwischen narzisstischen Persönlichkeiten und permissiver (grenzenloser) Erziehung sehen.

„Es geht immer um mich!"

5. Um den Kindern Enttäuschungen zu ersparen, neigen Eltern, die ohne Grenzen erziehen, auch dazu, das Kind in jeder Situation übermäßig zu unterstützen. So erlebt es kaum eigene Erfolge und das Resultat ist oft ein geringes Selbstwertgefühl.

„Wenn etwas zu schwer ist, dann machen Mama und Papa das für mich!"

6. Ein klassisches Problem ist die Akzeptanz von Autoritäten jeglicher Art. Ob im Kindergarten, an der Uni oder im Job, es wird immer wieder zu unnötigen Konfrontationen kommen, die das Leben des Kindes belasten.

„Wenn ich keine Hausaufgaben machen will, kann mich der Lehrer nicht dazu zwingen!"

7. Wird Kindern allein überlassen, wann sie schlafen, was sie essen oder ob sie sich die Zähne putzen, sind Gesundheitsprobleme vorprogrammiert.

„Papa sagt, ich soll mir die Zähne zwei Mal am Tag putzen, aber ich finde die Zahnpasta doof, also mache ich es nicht!"

5.7 Die richtigen Grenzen stecken

Grenzen sind also ein wichtiger Bestandteil der Erziehung. Aber wie sollen diese gesetzt sein? Wie lässt sich ein Zusammenleben gestalten, das für alle Beteiligten positiv ist? Wichtig ist, dass die Eltern in der Lage sind, die Bedürfnisse und Wünsche ihrer Kinder korrekt zu erfassen. Um dies zu tun, sollten sie in der Lage sein, die eigenen Bedürfnisse und Wünsche zu erkennen. So nehmen sie automatisch eine Vorbildfunktion für das Kind ein. Ist ein Elternteil zum Beispiel in der Lage, klar zu sagen, wo die eigenen Grenzen liegen, lernen die Kinder dieses Verhalten.

„Mama, ich möchte auf den Spielplatz gehen!"

„Ich möchte jetzt nicht auf den Spielplatz gehen, es ist draußen kalt und nass."

Hier wird nicht einfach nur „Nein" gesagt. Dem Kind wird gezeigt, dass es einen Grund dafür gibt, warum es gerade nicht möglich ist, auf den Spielplatz zu gehen. Zum einen ist das Wetter schlecht und zum anderen möchte Mama sich dem schlechten Wetter nicht aussetzen. Es wird deutlich, dass die Entscheidung, auf den Spielplatz zu gehen, nicht nur das Kind, sondern auch Mama beeinflusst. Hat ein Kind verstanden, dass jede Person eigene Wünsche und Bedürfnisse hat, über die man sprechen kann, wird es diese Art auch für sich selbst nutzen. So kommt es zu einer Selbstreflexion, die es dem Kind erlaubt, herauszufinden, was ihm wirklich wichtig ist und was nicht.

5.8 Positive Grenzen zeigen Respekt

Unabhängig davon, welche Grenze aufgezeigt werden soll, ist eine gute Grenze immer respektvoll. Positive Grenzen sind in der Lage, die Situation unter Berücksichtigung aller beteiligten Personen zu adressieren:

- Positive Grenzen verzichten auf Gewalt.
- Positive Grenzen sind keine Bestrafung.
- Positive Grenzen sind nicht willkürlich gewählt.
- Positive Grenzen dienen nicht der Verunsicherung.
- Positive Grenzen unterstützen ein differenziertes Denken.
- Positive Grenzen helfen dabei, die eigene Handlungsreichweite zu verstehen.

Wird eine Grenze als Möglichkeit der Selbstentwicklung und nicht als Käfig betrachtet, bietet sie neue Möglichkeiten. Plötzlich geht es nicht mehr darum, das Kind davon abzuhalten, auf der Couch herumzuspringen. Es geht darum, ihm zu helfen zu verstehen, warum es dies nicht tun sollte.

5.9 Die Grenzen altersgerecht und individuell gestalten

Das Ziel der Grenzsetzung sollte sein, dass Kinder in der Lage sind, diese selbst zu stecken und zu respektieren. Dafür ist es jedoch notwendig, gewisse Zusammenhänge zu verstehen und selbstständige Erfahrungen zu machen. Je nach Altersgruppe kommt daher eine andere Vorgehensweise zum Tragen. Bereits bei Babys bis zu einem Jahr ist es möglich, Grenzen zielgerecht zu setzen. Ein gutes Beispiel dafür sind Steckdosen. Ob ein Baby noch krabbelt oder bereits laufen kann, eine Steckdose ist früher oder später das Zentrum der Aufmerksamkeit. Erwachsene neigen dazu, sofort aufzuspringen und den Kleinen zu sagen, dass sie hier nicht spielen dürfen. „Nein, das darfst du nicht anfassen, das ist gefährlich." Die Kleinen haben zwar keine Ahnung, worum es hier grade geht, aber sie verstehen sehr wohl, wenn sie etwas nicht machen dürfen – in der Regel wird so direkt das Interesse für die Steckdosen in der Wohnung geweckt. Jede Chance, die sie haben, nutzen sie nun, um die mysteriösen, weißen Löcher in der Wand zu begutachten.

Da man einem Baby nicht erklären kann, welche Konsequenzen der Finger in der Steckdose haben kann, ist Ablenkung der beste Weg zum Erfolg. Sobald der Weg zur Steckdose führt, ist es an der Zeit, ein kleines Lied zu singen oder am Fenster dem Regen zuzuschauen. Findet die Steckdose keine Beachtung von den Eltern, wird sie auch kein großes Interesse beim Baby wecken. Je mehr jedoch eine nicht verständliche Grenze kreiert wird, umso häufiger wird auch ein Baby versuchen, diese zu umgehen.

Je älter das Kind wird, umso spezifischer lassen sich die Grenzen erklären und benennen. Die Kommunikation muss also mit dem Kind wachsen und an dessen Verständnis angepasst werden.

Zudem ist jedes Kind individuell und nicht nur das Alter spielt eine Rolle. Eltern von mehreren Kindern kennen es nur zu gut – wo das eine Kind klare Anweisungen und Regeln braucht, findet sich das andere ohne Probleme zurecht. Jedes Kind braucht eigene Grenzen. Es gibt keine gültige Allgemeinformel. Daher ist es wichtig, nicht darauf zu achten, was andere Kinder und Eltern tun oder nicht tun und wie sie es umsetzen. Der Fokus sollte immer darauf liegen, einen eigenen Weg zu gehen, der für die Familie die beste Lösung bietet.

5.10 Misserfolge akzeptieren

Erziehung ist ein Geduldsspiel. Wenn Eltern hier frühzeitig aufgeben, ist das Chaos vorprogrammiert.

Timo möchte einen neuen Fußball

> Timo ist mit Mama im Supermarkt. Er hat dort einen neongrünen Fußball entdeckt. Der ist viel cooler als sein alter Ball zu Hause. Also fragt er Mama, ob er den Ball haben kann. Die hat aber Nein gesagt! Timo fängt an zu weinen und zu schreien. Er rennt mit dem Ball in der Hand durch den Laden und versteckt sich in einer Ecke – da kommt er so schnell auch nicht wieder raus. Er will den Ball haben! Mama gibt nach und kauft ihm den Ball. Das ist eine gute Sache. Mal schauen, ob das beim nächsten Mal auch so gut funktioniert.

Experten sprechen hier von der sogenannten positiven Verstärkung. Dabei handelt es sich um ein Konzept, das sich bewusst wie unbewusst anwenden lässt. Wird es unbewusst verwendet, hat es in der Regel einen negativen Effekt. Die positive Verstärkung basiert darauf, dass eine bestimmte Verhaltensweise häufiger auftritt, weil sie mit einer positiven Reaktion belohnt wird. In dem genannten Beispiel war der Wutanfall die Verhaltensweise und das Kaufen des Balls die positive Reaktion darauf. Die Wahrscheinlichkeit, dass Timo in Zukunft erneut schreiend und weinend davonläuft, ist also gestiegen. Somit wurde genau das Gegenteil von dem erreicht, was passieren sollte.

Eine Situation wie die im Supermarkt muss als solche hingenommen werden und darf nicht belohnt werden. Dazu ist eine ganze Menge Geduld erforderlich. Es ist nicht schön, für zehn Minuten neben seinem schreienden Kind im Supermarkt stehen zu müssen, um darauf zu warten, dass es sich beruhigt. Aber es ist in diesem Fall der beste Weg, für die Zukunft zu vermitteln, dass es Grenzen gibt, die zu respektieren sind.

5.11 Was passiert hier gerade? – Grenzen erklären

„Nein, das darfst du nicht!" „Nein, das macht man nicht!" Es ist nicht selten, dass Grenzen verbal gesteckt, aber nicht erläutert werden. Für ein Kind ist das eine große Herausforderung. Wenn Mama oder Papa einfach „Nein" sagen können, dann kann das Kind das doch auch?!

Versetzt man sich in die Lage eines Kindes, sind trotzige Reaktionen auf unerklärte Verbote und Regeln eine ganz normale Sache. Stellen Sie sich einmal vor, Sie stehen an einer Tankstelle und ein Tankwart fordert Sie einfach dazu auf, die Tankstelle zu verlassen. Er gibt Ihnen keine Begründung, sondern sagt einfach immer wieder, dass Sie jetzt sofort gehen müssen, weil Sie nicht an der Tankstelle sein dürfen. Wie groß ist die Wahrscheinlichkeit, dass Sie das einfach so hinnehmen? Was aber wäre, wenn der Tankwart Sie darüber informiert, dass es ein Feuer in der Tankstelle gibt und es gefährlich ist, sich in der Nähe der Tankstelle aufzuhalten? Würden Sie dann noch darüber diskutieren, ob Sie das Auto wegfahren oder nicht?

Sorgen Sie dafür, dass Grenzen aller Art klar und deutlich zu verstehen sind. Erneut ist es wichtig, sich hier auf die Fähigkeiten des Kindes einzulassen. Verzichten Sie auf ein einfaches „Nein" und versuchen Sie, die Situation zu erklären.

„Wenn Du immer die Spielsachen der anderen Kinder nimmst, ohne sie zu fragen, machst du sie traurig."

5.12 Nicht unter Druck setzen lassen

„Dein Kind darf sich selbst Eis aus dem Gefrierfach nehmen? Bei uns gibt es so etwas ja nicht!" Auch in diesem Fall lässt es sich nicht vermeiden, dass individuelle Lösungen und Ansätze von der Außenwelt kommentiert werden. Denken Sie daran, dass Ihre Grenzen nicht die der anderen sind. Orientieren Sie sich an dieser Regel:

Mache, was dich glücklich macht – solange es nicht dir oder anderen Schaden zufügt.

Wenn ein Kind weiß, dass es anderen schadet, sie zu schubsen oder gemeine Worte zu sagen, dann hat es eine natürliche Grenze erkannt, die es nicht überschreiten wird. Wenn es sich dessen bewusst ist, dass es schlecht für den Körper ist, jeden Tag drei Tafeln Schokolade zu essen, wird es nicht das Bedürfnis haben, dies zu tun. Kommunikation und Respekt sind die wichtigste Grundlage für ein gemeinsames Zusammenleben, in dem jeder die individuellen Regeln und Grenzen befolgt.

6 Fehler #6:
Unklare Kommunikation

Die richtigen Worte können Berge versetzen.

Kommunikation ist in allen Lebensbereichen ein zentraler Punkt der Interaktion. Ob in einer Ehe, in einer geschäftlichen Beziehung oder im Umgang mit den eigenen Kindern – die Art und Weise, wie Menschen miteinander sprechen, ist relevant. Viel zu oft werden die verbale und nonverbale Kommunikation sehr unbedacht genutzt. Vor allem gegenüber Kindern neigen Erwachsene dazu, ihre Worte nicht immer durchdacht einzusetzen. Wenn man bedenkt, dass Menschen im Schnitt rund 16.000 Wörter am Tag sprechen, lässt das viel Raum für die falschen.

Die Kommunikation zu einem Kind ist eine wichtige Quelle des Lernens. Kinder entwickeln sich unter anderem durch die Nachahmung. Sie machen das nach, was sie in ihrem Umfeld sehen und hören. Die Art und Weise, wie mit einem Kind gesprochen wird, wird sich also darauf auswirken, wie das Kind später zu anderen spricht. Darüber hinaus definiert es auch das Selbstverständnis des Kindes. Wird es immer so behandelt, als würde es gerade nicht verstehen, worum es geht oder als seien seine Wünsche und Bedürfnisse nicht ausschlaggebend in einer Unterhaltung, hat das einen negativen Effekt auf das Selbstbild.

Eine bewusste Kommunikation ist also eine wichtige Grundlage für die individuelle Entwicklung des Kindes. Darüber hinaus definiert sie auch das Verhältnis zwischen Eltern und Kindern.

6.1 Bewusst mit Kindern kommunizieren - was soll das bedeuten?

Vielleicht denken Sie sich soeben, dass Sie ganz normal mit Ihrem Kind sprechen. Was soll denn daran falsch sein? Wie immer geht es hier nicht darum, Fehler aufzuzeigen, sondern Alternativen und mögliche Lösungen zu finden. Eine bewusste Kommunikation mit Kindern ist für jeden von Vorteil. Aber was genau ist damit gemeint?

Ein wichtiger Baustein im Umgang mit Kindern ist die ehrliche Reflektion jeder Situation. Kinder tun selten Dinge, um gemein oder gehässig zu sein. Sie wollen die Eltern nicht reinlegen und sie auch nicht hinters Licht führen. Leider passieren solche Dinge aber immer wieder in der Welt der Erwachsenen, was ein Grund dafür ist, dass Eltern auch auf Kinder und deren Taten oft so reagieren, als hätten sie einen Erwachsenen vor sich. Sie gehen dann wertend auf das Kind zu. Dies lässt sich vermeiden, indem man sich die Zeit nimmt, einen Moment innezuhalten, bevor eine verbale Reaktion stattfindet. Oft ist es nur ein kleiner Augenblick, der dabei hilft, die Situation korrekt einzuschätzen. Dann sind es nicht Gefühle oder gemachte Erfahrungen, die sprechen, sondern ein klarer Blick auf das, was gerade passiert ist. Dies im normalen Alltag mit Kindern konsequent durchzuziehen, ist nicht leicht. Wenn Sie sich aber darauf einlassen, es zu probieren, kann es einen großen Effekt haben. Aus einem unbedachten „Ich habe gerade keine Zeit dafür!" wird ein gezieltes „Im Moment können wir das leider nicht zusammen machen, wir verschieben das auf später."

6.2 Möglichkeiten im Alltag für eine bewusste Kommunikation

In einem emotionsgeladenen Moment ist es nicht leicht, runterzukommen und die richtigen Worte zu wählen. Daher bietet es sich an, eine gezielte Kommunikation in alltäglichen Situationen zu üben. Der normale Familienalltag bietet dafür viele Möglichkeiten.

Theresa hat ein Bild gemalt

> Stolz zeigt Theresa der Oma das Bild, das sie heute im Kindergarten gemalt hat. Oma hat das Telefon am Ohr und schaut nur kurz auf das Bild. „Ganz toll gemacht, mein Schatz." Schon ist sie wieder weg. Theresa wollte Oma eigentlich sagen, dass sie einen Tiger malen wollte, es aber dann doch wie eine Katze aussieht. Sie ist nicht so richtig zufrieden mit dem Bild. Aber Oma scheint es zu gefallen. Ob sie wohl doch richtig gut malen kann?

Dass ein unachtsames Loben die falschen Signale senden kann, wurde bereits ausführlich beschrieben. In diesem Fall ist das gesamte Szenario ein gutes Beispiel dafür, wie die bedachte Kommunikation oft in den Hintergrund tritt. Die Oma hat es nicht böse gemeint, als sie einfach nur kurz ein Kompliment ausgesprochen hat. Aber sie hat sich auch nicht die Zeit genommen, die dieser Moment verdient hätte. Das Telefon kurz auf die Schulter gelegt, vielleicht noch in die Knie auf Augenhöhe des Kindes gehen und ein ehrliches Kompliment formulieren – das wäre hier der bessere Ansatz gewesen. „Ich sehe, du hast dir viel Mühe gegeben." „Ich finde dieses Bild richtig gut, wie gefällt es dir?" Das Kind fühlt sich gehört und gesehen. Außerdem wird es nicht bloß von außen bewertet, sondern in die Kommunikation mit einbezogen. Es gibt viele Situationen im Alltag, die so oder ähnlich ablaufen. Oft ist es ausreichend, einen kurzen Moment zu pausieren und die Aufmerksamkeit auf die Unterhaltung zu lenken, um dem Kind und auch sich selbst ein besseres Gefühl zu vermitteln.

An dieser Stelle folgt erneut ein Verweis auf den Familientherapeuten Jesper Juul. Sein Ansatz sagt: „Kinder brauchen keine perfekten Eltern. Kinder brauchen authentische Eltern." In schwierigen Situationen ist es an der Zeit, sein wahres Ich zu zeigen, auch wenn das eine ganze Menge Mut erfordert. Wer möchte schon gern eingestehen, dass man vielleicht gerade nicht genug Geld hat, um eine neue Puppe zu kaufen oder in dem Moment keine Lust hat, mit seinen Kindern zum dritten Mal für heute auf den Spielplatz zu gehen? Eine ehrliche Kommunikation ist aber gerade dann hilfreich, wenn es hektisch wird. Der Schreianfall im Supermarkt könnte verhindert werden, wenn man die Dinge als Elternteil in der Ich-Form erläutert. „Ich habe leider nicht genug Geld, um den Ball zu kaufen." So wird das Kind nicht nur über die Fakten aufgeklärt, es versteht auch, dass es hier nicht um ihn oder sie geht. „Du kannst jetzt keinen Fußball haben." Diese direkte Ansprache lässt das Kind glauben, es habe selbst etwas damit zu tun, dass also das Kind der Grund sei, dass es keinen Ball gibt, ein anderes Kind darf aber einen haben. Warum?

Sich den Mitmenschen gegenüber zu öffnen, ist ein wichtiger Bestandteil für eine bedachte Kommunikation. Und dies gilt auch für den Umgang mit Kindern.

6.3 Was denkt sich das Kind nur!

Wissen Sie, wann die meisten Kinder mit dem Laufen oder Sprechen anfangen? Haben Sie eine Vorstellung davon, wie groß und schwer ein Kind in etwa zu sein hat? Wenn Sie bereits ein Kind haben, kennen Sie die Antworten auf diese Fragen mit Sicherheit. Eltern beschäftigen sich ständig mit der Entwicklung ihrer Kinder – spätestens beim regelmäßigen Arztbesuch werden sie darüber aufgeklärt, wo sich das Kind in der Entwicklung befindet.

Womit sich nur die wenigsten auskennen, ist die Entwicklung des Gehirns. Dabei bildet das Gehirn die Grundlage für alle anderen Entwicklungsstufen. Die geistige Entwicklung ist natürlich ausschlaggebend für die Kommunikationsfähigkeit. Deshalb folgt ein Blick auf das Gehirn und seine Rolle in der Kommunikationsfähigkeit.

Forscher sprechen beim Gehirn von der linken und rechten Hemisphäre bzw. Gehirnhälfte. Jede Seite ist in weitere Areale unterteilt, die jeweils verschiedene Aufgaben übernehmen. So ist die linke Gehirnhälfte unter anderem für das Zahlen- und das Sprachverständnis zuständig. Die rechte Gehirnhälfte ist vor allem für Bereiche wie die Intuition, Kreativität oder Bildsprache verantwortlich. Daher werden Menschen in ihren ersten drei Lebensjahren vor allem durch die rechte Gehirnhälfte gesteuert, solange die Bereiche Sprache oder Zahlen noch nicht ausgebildet bzw. aktiviert sind.

Um als Kind oder Erwachsener das Beste aus dem Gehirn herauszuholen, ist es wichtig, dass alle Areale trainiert werden und gleichzeitig aktiv sind. Ansonsten ist es ein wenig so, als würde man ein Auto fahren, das auf der einen Seite kleinere Reifen hat – man dreht sich unwillkürlich im Kreis. Das Zusammenspiel der Gehirnhälften will aber gelernt sein, es funktioniert nicht von ganz allein.

Wenn ein Kind damit beginnt, die linke Gehirnhälfte aktiv zu nutzen, kann das zu Problemen führen. Manchmal scheint es dann schwierig zu begreifen, was gerade mit dem Kind passiert. Es verfängt sich zum Beispiel in emotionalen Momenten, die nicht auf der Realität basieren – „Du vergisst mich bestimmt morgen im Supermarkt!" „Papa ist noch nie mit mir nach Amerika geschwommen!" In solchen Situationen fällt es dem Kind schwer, das sprachlich Erlernte mit der Fähigkeit des logischen Denkens zu verknüpfen – was auch über die linke Hirnhälfte gesteuert wird. Also zieht es sich in sein gewohntes Umfeld zurück und lässt Gefühle oder Kreativität ans Ruder. So lustig solche kleinen Aussetzer meistens sind, sie können auch zu einer echten Frustration bei den Eltern führen. Denn es scheint, als würde das Kind einen Rückschritt machen und die erlernten Fähigkeiten verlieren – passiert dies in einem hektischen oder ungünstigen Moment, fühlen sich Eltern schnell überfordert. Wenn man sich jedoch darauf besinnen kann, dass diesem Verhalten eine ganz normale Entwicklungsphase zugrunde liegt, ist es leichter, es korrekt einzuordnen und entsprechend darauf zu reagieren. Wenn die Logik aussetzt, geht es darum, auf emotionaler Ebene eine Verbindung aufzubauen. „Wenn du Angst davor hast, morgen im Supermarkt zu bleiben, sollten wir vielleicht erst übermorgen gehen, dann geht es dir bestimmt besser." Es wäre nicht produktiv, hier mit Logik zu arbeiten, denn die macht ja gerade ein Mittagsschläfchen in der linken Hirnhälfte.

Übrigens gibt es dieses Phänomen nicht nur bei Kindern. Auch Erwachsene können sozusagen auf einer Seite stecken bleiben und besonders emotional werden oder Emotionen komplett ablegen.

Die Forschung unterscheidet das Hirn nicht nur in links und rechts, sondern auch in oben und unten. Der untere Teil des Gehirns umfasst den Hirnstamm und das limbische System. Dieser Teil ist bereits bei der Geburt komplett ausgebildet. Er übernimmt die Kontrolle der lebenswichtigen Funktionen, wie die Atmung. Außerdem werden Emotionen wie Wut und Angst darüber gesteuert. Dieses auch als primitiver Hirnteil bezeichnete Areal hat die Aufgabe, den Menschen am Leben zu halten.

Komplexe Abläufe wie Empathie, Selbstwahrnehmung und das Denken werden im oberen Gehirnteil behandelt. Dieser ist erst mit etwa 20 Jahren vollständig ausgebildet. Anspruchsvolle Aufgaben aller Art können Menschen also streng genommen erst ab diesem Alter problemlos ausführen:

- Gefühlskontrolle
- Durchdachte Entscheidungen treffen
- Angemessen auf die Umwelt reagieren

Diese Information setzt unkontrollierte Wutanfälle von Kleinkindern vielleicht in ein anderes Licht. Sie sind oft einfach nicht in der Lage, anders mit einer überwältigenden Situation umzugehen. Denn streng genommen wird im Oberstübchen noch ordentlich ausgebaut. Und wo gehobelt wird, da fallen nun einmal auch Späne.

6.4 Wer beginnt das Gespräch?
Es ist häufig zu beobachten, dass Erwachsene es bevorzugen, sich reaktiv zu verhalten, wenn es um die Kommunikation mit Kindern geht. Sie warten darauf, dass das Kind eine Frage stellt, um diese dann kurz und knapp zu beantworten.

Der Gesprächsverlauf zwischen Erwachsenen und Kindern ist daher oft kurz und einseitig. Ein Grund dafür ist ohne Frage, dass es oft schwer ist, eine sinnvolle Information von einem Kind zu bekommen, wenn es gerade keine Lust hat, diese preiszugeben. Wenn die Frage danach, was es denn heute im Kindergarten zum Mittagessen gab, immer wieder mit „Hühnchen" beantwortet wird, gibt man irgendwann auf.

Dieses Problem taucht nicht auf, wenn man eine Unterhaltung führt, die kein konkretes Ziel verfolgt. Erwachsene dürfen nicht davon ausgehen, dass ein Kind Interesse daran hat, irgendwelche Informationen auszutauschen. Aber sie können davon ausgehen, dass ein Kind Interesse daran hat, zu erzählen.

„Anna, magst du die Farbe Blau?"

„Ja."

„Ich hatte mal eine blaue Teekanne. Was hast du denn für Dinge, die blau sind?"

Wer regelmäßig aktiv eine Unterhaltung mit einem Kind aufnimmt, trainiert die Kommunikationsfähigkeit des Kindes. Vor allem im Vorschulalter kann so der Wortschatz verbessert werden und Kinder lernen, Interesse an anderen Ideen und Meinungen zu finden. Aber auch für ältere Kindern ist dieses Vorgehen wichtig. Sie fühlen sich als Teil der Gemeinschaft und werden ernst genommen.

6.5 Nonverbale Kommunikation ist ebenso wichtig

Ein weiterer Eckpfeiler für eine gelungene Kommunikation ist der nonverbale Bereich. Es gibt ganze Forschungszweige darüber, wie die Körperhaltung oder der Augenkontakt und die Positionierung der Arme den Verlauf der Unterhaltung aktiv beeinflussen können. Daher werden hier nur die wichtigsten Punkte für die Kommunikation mit Kindern in der Übersicht genannt:

- Augenkontakt halten, wenn Sie ein Gespräch führen.
- Wenden Sie sich dem Kind zu.
- Verschränken Sie weder Arme noch Beine während des Gesprächs.
- Wenn möglich, begeben Sie sich auf Augenhöhe (Hinknien, Hinsetzen).

Lassen Sie sich außerdem nicht von anderen Dingen wie dem Smartphone oder dem Fernseher ablenken. Verzichten Sie, wenn möglich darauf, Dinge nur schnell im Vorbeilaufen zu besprechen.

6.6 Einfach und präzise – treffen Sie klare Aussagen

Sie möchten, dass ein Kind Ihnen zuhört, wenn Sie etwas sagen? Dann müssen Sie sich vor allem bei jungen Kindern unter drei Jahren kurz und knapp fassen. Es ist nicht hilfreich, einen einfachen Zusammenhang mit vielen Worten zu umschreiben.

„Toni, ich habe von Tante Anna, unserer Nachbarin gehört, dass du heute Morgen auf dem Spielplatz an der Rutsche gestanden hast und gemein zu deiner kleinen Schwester Anna warst."

Die Wahrscheinlichkeit, dass Toni hier nur die Hälfte verstanden hat, ist groß. Klare und präzise Aussagen, die nur das Wesentliche benennen, sind der Schlüssel zum Erfolg.

„Toni, bist du auf dem Spielplatz gemein zu Anna gewesen?"

Kinder im Schulalter schalten ebenfalls ab, wenn zu viele Informationen präsentiert werden. Auch wenn zu schnell gesprochen wird, kann es gut sein, dass niemand zuhört.

Es ist wichtig, zwischen einzelnen Aussagen bewusste Pausen zu machen, damit das Kind bei Bedarf eine Frage stellen kann. Vielleicht kennt es ein bestimmtes Wort nicht oder hat den ganzen Satz nicht verstanden. Wenn man ihnen Zeit einräumt, haben die Kinder außerdem das Gefühl, dass ihr Feedback erwünscht ist.

6.7 Auch das Zuhören will gelernt sein

Kinder sind nicht immer in der Lage, gezielt und direkt zu kommunizieren. Sie laufen mit der Schaufel in der Hand durch das Wohnzimmer und berichten davon, wie sie im Kindergarten eine Sandburg gebaut haben – dabei adressieren sie nicht unbedingt eine bestimmte Person. Hier gilt es, genau hinzuhören. Kinder verarbeiten in solchen und ähnlichen Situationen das am Tag Erlebte. Wenn Eltern dann am Abend die Sandburg ansprechen, freut sich das Kind darüber, dass Mama oder Papa wissen, was sie Tolles erlebt haben.

Oft ist es auch relevant zu hören, was nicht gesagt wird – das gilt für Kinder und Erwachsene gleichermaßen. Spricht ein Kind im Schulalter zum Beispiel nie darüber, mit wem es in der Pause spielt, könnte es sein, dass es Probleme hat, Anschluss zu finden und häufig allein unterwegs ist. Vorsichtiges Nachfragen darüber, wie der Schultag war und was in der Pause gespielt wurde, kann Eltern dabei helfen, herauszufinden, ob es einen Grund zur Sorge gibt.

6.8 Wir machen das jetzt so!

Kindern wird oft die Fähigkeit abgesprochen, Probleme lösen zu können. Geht es in einem Gespräch darum, eine Lösung für ein bestehendes Problem zu finden, wird diese oft einfach präsentiert. Das Kind hat in diesem Fall weder einen Einfluss auf das Ergebnis, noch wird ihm vermittelt, dass es selbstständig eine Hürde bewältigen kann.

„Ich habe keine Lust mehr, jeden Tag über einen Tornister im Flur zu stolpern. Ich habe dir eine Ecke neben der Garderobe frei geräumt, dort kommt die Tonne von jetzt an hin."

Eine solche Aussage vermittelt auf mehreren Ebenen die falschen Signale. Zum einen ist die Lösung für das Problem bereits gefunden, was nicht zum selbstständigen Denken und Handeln ermuntert. Zum anderen wird das Problem zwar benannt, aber nicht konkret erklärt. Es besteht also die Chance, dass das Kind keinen Grund sieht, sein Verhalten zu ändern, trotz der neuen Lösung.

„Ich habe bemerkt, dass du jeden Tag deinen Tornister in den Flur stellst. Ich habe dann leider keinen Platz, mich frei zu bewegen und muss immer darüber klettern. Meinst du, du findest einen besseren Ort, um die Tonne abzustellen?"

In diesem Fall wird das Problem konkret genannt und seine Auswirkungen werden beschrieben. Anschließend wird das Kind aktiv dazu aufgefordert, die Ist-Situation zu überdenken und eine Alternative zu finden.

6.9 Es gibt keine Tabus

Eltern möchten ihre Kinder vor allem Bösen schützen. Dies führt oft dazu, dass bestimmte Themen tabu sind. Hinzu kommt, dass es oft schwerfällt, über Dinge zu sprechen, die Unbehagen bereiten. Der Tod ist dafür ein gutes Beispiel.

Kinder verstehen nicht, warum es Bereiche gibt, über die man nicht sprechen sollte. Sie hören, sehen oder erfahren Neues und möchten mehr darüber wissen. Wird nun das Gespräch darüber aktiv verwehrt, kann das zu einer Reihe von Problemen führen. Kinder können das Gefühl entwickeln, dass sie nicht immer zu ihren Eltern gehen können, um nach Rat zu fragen. Fühlt sich ein Kind unwohl damit, Themen aller Art offen anzusprechen, neigt es dazu, Dinge zu verheimlichen.

Hat ein Kind an etwas Interesse gefunden, über das es nicht sprechen darf, besteht die Möglichkeit, dass es sich seine eigene Wahrheit zusammenspinnt. Auch das kann für viel Verwirrung und Unmut sorgen – spätestens dann, wenn es die Wahrheit erfährt. Außerdem können Tabuthemen ein Ansporn dafür sein, mehr zu erfahren, und zwar ohne die sichere Führung eines Erwachsenen. Ein Problem, das für ältere Schulkinder und Teenager dramatische Folgen haben kann.

6.10 Beispiele für durchdachte Formulierungen

Es reicht häufig aus, das Gesagte anders zu formulieren. Im Folgenden ein paar Beispiele für bessere Formulierungen, die eine Kommunikation mit Kindern aktiv verbessern.

1. Beschreibende Aussagen helfen dabei, die Situation zu verstehen und Kinder auf ein mögliches Problem aufmerksam zu machen:

   Statt: „Anna, du hast das Licht angelassen!"

   Besser: „Anna, das Licht im Badezimmer ist noch an."

2. Wenn direkt mögliche Konsequenzen benannt werden, ist die eigene Handlung besser zu verstehen:

   Statt: „Du hast den Kühlschrank schon wieder aufgelassen."

   Besser: „Wenn der Kühlschrank nicht geschlossen wird, verderben die Lebensmittel darin."

3. Bei sehr kleinen Kindern ist weniger oft mehr:

    Statt: „Es ist jetzt an der Zeit, schlafen zu gehen – zieh bitte den Schlafanzug an."

    Besser: „Kinder, Schlafanzug anziehen."

4. Fragen wecken das Interesse:

    Statt: „Du hast deine Schuhe nicht in den Schrank gestellt."

    Besser: „Hast du deine Schuhe bereits in den Schrank gestellt?"

Ein guter verbaler Umgang mit Kindern basiert immer auf Respekt. Wird das Kind als eigenständige Person wahrgenommen mit individuellen Interessen, Bedürfnissen und Wünschen, ist es möglich, ihm auf Augenhöhe zu begegnen und eine gute Kommunikation zu nutzen.

7 Fehler #7:
Fehlende Einbeziehung

Eltern können von ihren Kindern lernen.

Eltern neigen dazu, jeden Aspekt im Leben ihrer Kinder kontrollieren zu wollen. Ob es darum geht, wie sie sich kleiden, was sie essen oder wann sie schlafen, kaum eine Minute vergeht, ohne dass die Eltern und andere Erwachsene das Handeln der Kinder kommentieren.

Ein Großteil dieser elterlichen Handlungen dient dabei dem Schutz der Kinder. Sie helfen ihnen dabei, die Welt zu verstehen und sich in ihr zurechtzufinden. Außerdem müssen täglich Entscheidungen getroffen werden, für welche die Kinder ganz einfach noch zu jung sind. Selbst die Frage danach, was es zum Frühstück geben soll, ist für junge Kinder oft eine Herausforderung. Vor allem dann, wenn sie zum Beispiel wissen, dass Pfannkuchen mit Sahne und Erdbeeren ungesund sind, sie aber nicht verstehen, warum man so leckere Sachen nicht immer essen sollte. Kurz gesagt, wie bereits vorhergehend beschrieben, gibt es gute Gründe dafür, dass Eltern Regeln aufstellen und den Alltag von Kindern lenken und leiten.

Jedoch gibt es eine Kehrseite zu dieser Medaille. Wenn Erwachsene komplett darauf verzichten, die Meinungen, Ideen, Wünsche und auch Ängste von Kindern zu berücksichtigen, kommt es schnell zu unnötigen Konfliktsituationen. Das Potenzial dafür steigt, je älter das Kind wird. Spätestens im Grundschulalter beginnen Kinder damit, einen aktiven Informationsaustausch mit anderen Kindern und auch Erwachsenen aufzubauen. Dieser dient auch dazu, gemachte

Erfahrungen mit anderen zu vergleichen und die eigenen Situationen einzuordnen. Dieser Vorgang hilft dabei, sich selbst und den Alltag besser zu verstehen. Kinder in diesem Alter beginnen zunehmend damit, bestehende Tatsachen zu hinterfragen. Dann geht es nicht mehr um die offensichtlichen Dinge wie „Warum ist der Eiswürfel kalt?" Nun reflektiert das Kind seine Eindrücke auf mehreren Ebenen – es beginnt, die gemachten Erfahrungen mit denen anderer in Relation zu setzen. „Warum feiert Fatimas Familie das Zuckerfest und wir nicht?", „Weshalb geht die Mama von Thomas arbeiten und du bist immer zu Hause?". Spätestens wenn solche und ähnliche Fragen aufkommen, ist es an der Zeit, genauer zuzuhören, wenn es darum geht, Entscheidungen für das Kind zu treffen. Es ist nun möglich, die Kleinen aktiv in die eigene Erziehung einzubinden. Aber wie soll das funktionieren? Was kann hier schiefgehen? Und in welchen Bereichen lässt sich dieser Ansatz realistisch umsetzen?

Das Ziel der Erziehung besteht darin, dem Kinde zu ermöglichen, ohne Lehrer weiterzukommen.
Elbert Hubbard – amerikanischer Philosoph

7.1 Dafür bist du noch viel zu klein!

Die moderne Erziehung ist vom ersten Tag der Schwangerschaft in allen Aspekten zum Wohl des Kindes ausgelegt. Eltern haben sich davon wegbewegt, Kinder mit Zwang, Gewalt und ohne Empathie zu erziehen. Sie konzentrieren sich darauf, die Kleinen zu beschützen und sie optimal auf ihrem Weg zum Erwachsensein zu begleiten.

Nicht selten entwickeln sich aus dieser Denkweise sogenannte Helikopter-Eltern. Diese Eltern sind Tag und Nacht darum bemüht, nur das Beste für ihr Kind zu sichern. Oft geht es dabei vor allem darum, für sich selbst ein reines Gewissen zu haben. „Ich habe alles gemacht, um mein Kind sicher und glücklich aufzuziehen." Was die Kinder darüber denken, dass Mama sie nicht auf einen Baum klettern lässt oder dass Papa ihnen nicht erlaubt, schnell in den Supermarkt um die Ecke zu gehen, das steht oft nicht im Mittelpunkt der Überlegungen.

Es gibt eine ganze Reihe von Elterntypen, die unter den Deckelbegriff der Helikopter-Eltern fallen. Die einen zeigen viel Präsenz. Sie stehen pünktlich zum Schulende am Eingangstor und fahren den Sprössling auch die kürzesten Wege wie zum Beispiel zum Besuch bei Freunden. Die anderen sind konstant in Sorge um das Wohl des Kindes – „Ob Thommy wohl warm genug angezogen ist? Es hat angefangen zu regnen, ich bringe am besten schnell eine Regenjacke in die Schule!" Und wieder andere sind dauerhaft konfrontationsbereit. Sie möchten die Sitzordnung in der Schule ändern, stellen den Lehrplan infrage und erklären dem Fußballtrainer ganz genau, was er falsch macht.

7.2 Woher kommen die Helikopter-Eltern?
Vor einem halben Jahrhundert war das Konzept der Helikopter-Eltern nicht bekannt. Ein klassischer Vergleich zeigt deutlich auf, wie drastisch sich die Erziehung verändert hat. In den 1970er Jahren liefen rund 90 Prozent aller Erstklässler allein zur Schule. Heute werden 90 Prozent der Erstklässler von ihren Eltern oder einer anderen Begleitperson bis an die Schultür begleitet.

Was treibt diese neue Art der Fürsorge an? Wie so oft ist der allgemeine Gesellschaftswandel der Auslöser. Niemand ist frei davon, durch die Gesellschaft, in der er lebt, beeinflusst zu werden. Ein paar signifikante gesellschaftliche Änderungen und deren Relevanz für die Generation der Helikoptereltern sind im Folgenden zusammengestellt.

Familien haben weniger Kinder
Das klassische Familienmodell bewegt sich immer mehr von der Großfamilie weg. Während viele noch Großeltern mit fünf oder sechs Geschwister haben, ist heute selten eine Familie mit mehr als zwei Kindern anzutreffen. Die Gründe dafür sind vielfältig. Bessere Verhütungsmethoden erlauben eine gezielte Familienplanung. Darüber hinaus können es sich viele Haushalte nicht mehr leisten, viele Kinder zu erziehen, da häufig ein zweites Einkommen notwendig ist, um einen akzeptablen Lebensstandard zu halten. Auch das Image von Familien mit vielen Kindern hat sich in der Gesellschaft zum Schlechteren gewandelt. Großfamilien haben einen schlechten Ruf und werden oft als asozial abgeschrieben. Haben Eltern nur ein oder zwei Kinder, auf die sie ihre gesamte Zeit verteilen können, ist die Gefahr größer, überfürsorglich zu werden.

Kinderbetreuung ist Elternsache
In der Vergangenheit war es ganz normal, dass die Kinder bei den Nachbarn oder innerhalb der Verwandtschaft zur Aufsicht abgegeben wurden. Montags trafen sich die Kids bei Tante Rosa zum Spielen und den Tag darauf verbrachten sie ihren Nachmittag bei der nächsten Nachbarin. So wurde die Kinderpflege auf eine Vielzahl von Personen aufgeteilt und es gab ein aktives Netzwerk für die Betreuung. Heute herrscht zunehmend die Meinung, dass die Betreuung der Kinder in erster Linie in der Hand der Eltern liegen sollte. Lediglich die Rückkehr ins Arbeitsleben wird als gute „Entschuldigung" für eine Fremdbetreuung akzeptiert – diese sollte dann aber durch fachkundiges Personal in Form von geschulten Tagesmüttern oder einem ausgebildeten Kinder-

gartenpersonal stattfinden. Dies schränkt zusätzlich die Zeit ein, die die Kinder ohne Eltern verbringen.

Der gesellschaftliche Druck steigt
Was alles getan wird, um der Gesellschaft gerecht zu werden, wurde bereits im Detail beschrieben. Dieser dauernde Druck auf Eltern ist ein wichtiger Grund dafür, warum es immer mehr Helikopter-Eltern gibt.

Zukunftsängste
Die Hoffnung auf eine bessere Zukunft war jahrhundertelang das Leitmotiv des Fortschritts. Der Gedanke daran, eine bessere Zukunft schaffen zu können, war der Antrieb für alle Bereiche des Lebens. Heute sehen die Menschen der Zukunft mit Skepsis und Angst entgegen. Diese Angst gilt nicht nur für die eigene Zukunft, sondern auch für die der Kinder. Dies führt dazu, dass Eltern ihre Kinder vermehrt beschützen möchten.

Eltern werden immer älter
Im Jahr 1970 lag das Durchschnittsalter der deutschen Frauen bei der Geburt des ersten Kindes bei 24,3 Jahren. Heute sind Frauen bei der Geburt des ersten Kindes im Schnitt 30 Jahre alt. Außerdem handelt es sich zunehmend um fest geplante Kinder. Paare setzen zuerst auf eine finanzielle Sicherheit, schaffen Eigentum oder etablieren eine Karriere, bevor sie daran denken, Kinder zu haben. Dies bedeutet, dass die Eltern bei der Geburt des Kindes bereits fest im Leben stehen und Zeit haben, sich voll und ganz auf die Kinder zu konzentrieren. Sie sind reifer und vermehrt gewillt, zum Beispiel auf konkrete Erziehungsstile zurückzugreifen oder sich umfassend zu informieren. Jüngere Eltern sind häufig lockerer im Umgang mit den Kleinen.

Überinformation sorgt für Unsicherheit
Das digitale Zeitalter erlaubt einen Zugang zu Daten und Fakten aller Art. Diese sind oft ungefiltert und werden ohne den passenden Kontext vorgelegt. Das führt dazu, dass Menschen in vielen Bereichen das Vertrauen in bestehende Systeme verlieren. Ein erstklassiges Beispiel hierzu ist das deutsche Schulsystem. Vor Jahrzehnten stand es für die Deutschen noch außer Frage, dass das Land der Dichter und Denker eines der besten, wenn nicht sogar das beste Schulsystem der Welt bietet. Aktuellen Umfragen zufolge sehen heute fast zwei Drittel der deutschen Eltern das Schulsystem als nicht ausreichend an. Ohne eine Alternative zur Hand zu haben, führt diese Einstellung dazu, dass das System konstant infrage gestellt wird.

7.3 Wer kümmert sich um alles?

Wird ein Kind für die Gestaltung und Organisation des eigenen Lebens konstant ignoriert, kann dies schwerwiegende Folgen haben. Diese reichen von negativen Auswirkungen auf die Persönlichkeitsentwicklung bis hin zu einem hohen Konfliktpotenzial zwischen Eltern und Kindern.

Eltern neigen dazu, die Handlungen und Aussagen von Kindern mit der Logik von Erwachsenen zu interpretieren. Dies hat unter anderem zur Folge, dass sie davon ausgehen, dass Kinder sich selbst überschätzen. Eine unrealistische Selbstüberschätzung ist jedoch ein sehr erwachsenes Problem. Selbst sehr junge Kinder sind bereits in der Lage einzuschätzen, ob sie etwas tun können oder nicht. Dabei dreht es sich nicht darum, ob sie sofort erfolgreich sind – es dreht sich darum, dass sie verstanden haben, worum es geht und was zu tun ist. Wenn ein Kind entschlossen ist, etwas Neues zu probieren, ist es wichtig, korrekt einzuschätzen, ob es dafür bereit ist. Wird einem Kind von den Eltern immer wieder direkt oder indirekt vermittelt, dass es nicht in der Lage sei,

Dinge allein zu bewältigen, wird es schwer, ein gesundes Selbstwertgefühl zu entwickeln.

Ein weiteres Problem besteht darin, dass dem Kind nicht beigebracht wird, mögliche Hürden und Probleme selbst zu bewältigen. Es wird sich darauf verlassen, dass alles von Mama oder Papa gehandhabt wird.

Ken hat kein Sportzeug

> Ken ist sieben Jahre alt und lebt mit seinem Papa am Rand der Stadt. Nachdem er und Papa bei Mama ausgezogen sind, ist der Schulweg morgens sehr weit. Sie fahren mit dem Auto zur Schule und sind lange unterwegs. Mama und Papa kümmern sich immer um alles. Sie packen seine Schultasche, machen das Frühstück und sorgen dafür, dass sein Etui komplett ist. Die anderen Kinder in der Schule vergessen ab und zu mal die Schere oder ein Radiergummi – das mag die Lehrerin gar nicht. Ken passiert so etwas nicht, denn seine Tasche steht jeden Morgen gepackt an der Haustür.
>
> Heute ist Montag. Wie jeden Montag hat Ken in der dritten Stunde Sport. Das mag er unheimlich gern. Sie spielen witzige Spiele. Am liebsten spielt er Fangen, darin ist er richtig gut. Als er sich auf den Weg zur Turnhalle macht, fällt ihm auf, dass er keinen Turnbeutel dabeihat. Er erklärt seiner Lehrerin, dass der Beutel am Morgen nicht neben der Tür gestanden hat, weil sein Papa es vergessen hat. Die Lehrerin fragt, ob Ken denn wusste, dass er am Montag Sport hat. Natürlich wusste er das, aber warum soll er sich darum kümmern, seine Sportsachen dabei zu haben? Das ist doch ganz eindeutig Papas Aufgabe!

Ob das Sportzeug, die Hausaufgaben oder der Klavierunterricht, wenn Eltern die Eigenverantwortung den Kindern entziehen, werden diese nicht lernen, sich selbstständig in ihrem eigenen Tag zurechtzufinden. Diese Einstellung wird im späteren Leben nicht vergehen. Ist man daran gewöhnt, dass sich jemand um alles kümmert, wird man sich zum Beispiel im Erwachsenenleben sehr wahrscheinlich in einer abhängigen Partnerschaft wiederfinden. Solche Personen werden neigen dazu, in einer unglücklichen Beziehung zu bleiben, um keine Eigenverantwortung übernehmen zu müssen. Ein klassischer Werdegang zeigt einen häufigen Wechsel von Partnern, ohne einen Zeitraum dazwischen, in denen die Person auf den eigenen Beinen steht – so wird vermieden, sich um seine eigenen Probleme kümmern zu müssen. Darüber hinaus schafft man sich so einen Sündenbock – ich habe kein Sportzeug dabei, weil Papa es vergessen hat!

7.4 Hohes Konfliktpotenzial im Alltag

Sobald Menschen aufeinandertreffen, gibt es Konflikte. Es ist nicht möglich, dies komplett zu verhindern. Vor allem zwischen Eltern und Kinder wird es zu Streitigkeiten kommen, denn hier treffen zwei grundlegend verschiedene Denkweisen aufeinander. Während die Eltern bereits den nötigen Weitblick haben, um eine Situation einzuschätzen, ist es für die Kinder oft eine neue Erfahrung. Kurz gesagt, egal, wie alt das Kind ist, kleine und ein paar große Streits werden vorkommen.

Allerdings ist es nicht normal, dass Konflikte konstant im Alltag zugegen sind. Wird bereits beim Aufstehen darüber diskutiert, ob das Licht im Zimmer zu hell ist oder das Fenster geöffnet werden soll, liegt wahrscheinlich ein tiefergehendes Problem vor.

Fühlt sich ein Kind nicht gehört oder verstanden, wird es seinem Ärger Luft machen. Die Fähigkeit der Konfliktbewältigung verbessert sich im Alter von etwa vier Jahren merklich. Die Kinder verstehen zunehmend besser, wie die Aussagen und Handlungen des Gegenübers zu interpretieren sind. Außerdem sind sie in der Lage, sich verbal auszudrücken und können präzise benennen, was das Problem ist. Diese Fähigkeiten müssen trainiert werden. Wird die eigene Meinung eines Kindes aber nicht berücksichtigt, wird es damit beginnen, seinen Willen einzufordern.

Um zu erkennen, ob das Konfliktpotenzial und die Konfliktbereitschaft eines Kleinkindes sehr hoch sind, lohnt es sich, einen Blick auf klassische Auslöser für Streitigkeiten zu werfen. Diese nachstehenden Punkte lösen oft Probleme sowohl mit Eltern und Geschwistern als auch mit gleichaltrigen Spielkameraden aus.

- „Das ist mein Spielzeug!" – Die klare Unterscheidung zwischen „deinen Dingen" und „meinen Dingen" ist für Kleinkinder eine Herausforderung. Deshalb ist es oft so, dass jedes Spielzeug, welches gerade bespielt wird, auch „meins" ist. Dieser Konflikt spiegelt eine wichtige Entwicklungsphase wider und ist somit vollkommen normal.
- „Ich bin aber größer als du!" – Größere und ältere Kinder möchten sich von den kleineren Kindern abgrenzen. Sie beginnen, sich selbst innerhalb der Gruppe einzuordnen und möchten eine eigene Position besetzen. Dieser Prozess ist ein Teil der Selbsterkenntnis.
- „Das darfst du aber nicht machen!" – Regeln verstehen und anzuwenden ist selbst für Erwachsene häufig eine Herausforderung. Haben die Kinder das

Prinzip von „das darf man nicht" aufgeschnappt, versuchen sie oft, dieses für andere anzuwenden.

Eine klassische Konfliktsituation zwischen Kleinkindern und Eltern beginnt häufig damit, dass die Kleinen gerade etwas Neues gelernt, dies aber noch nicht komplett verstanden haben. Oder sie kennen erst einen Teil des Ganzen und versuchen, diesen in ihr Handeln zu integrieren. Für Eltern sind diese Situationen anstrengend, aber sie gehören zur Kindesentwicklung dazu.

Kommt es jedoch häufig zu Konflikten außerhalb dieser Parameter und vor allem mit den Eltern, dann sollte genau hingeschaut werden. Basieren die Streitigkeiten vor allem auf persönlichen Meinungsverschiedenheiten, ist es wahrscheinlich, dass das Kind sich nicht verstanden fühlt. Es ist eine Art Hilferuf. Das Kind ist noch nicht in der Lage zu sagen, dass seine Gefühle und Meinungen ernst genommen werden sollen. Aber es ist in der Lage, durch die Wohnung zu schreien, dass es auf gar keinen Fall zur Oma will und das neue Kleid total doof findet.

7.5 Zuhören und entscheiden lassen

Wenn Sie sich dabei ertappen, dass Sie Ihrem Kind häufig vorschreiben, was es tun soll und wie es sich zu verhalten hat, kann das ganz unterschiedliche Gründe haben:

- Sie sind selbst eine sehr vorsichtige Person und machen sich Sorgen um Ihr Kind.
- Sie haben eine autoritäre Persönlichkeit und es fällt Ihnen schwer, Verantwortung abzugeben.
- Sie sind oft gestresst und haben keine Zeit, Dinge im Detail zu besprechen.
- Sie versuchen, fremdgesetzten Standards gerecht zu werden.

Es spielt keine Rolle, was der Auslöser ist – Sie handeln aus bestem Interesse. Sie möchten Ihr Kind beschützen und es umsorgen. Geht die Fürsorge jedoch so weit, dass Ihr Kind kein Mitspracherecht am eigenen Leben hat, kreieren Sie für alle Beteiligten unnötigen Stress.

Es wird kaum möglich sein, eine bestehende Dynamik über Nacht zu ändern. Daher können Sie sich darauf konzentrieren, im Kleinen zu beginnen. Suchen Sie sich eine Alltagssituation, in der Sie immer zu 100 % die Kontrolle haben. Am besten eine Situation, in der Sie nicht unter Zeitdruck stehen und das Ergebnis für niemanden echte Konsequenzen hat. Hier ein paar Beispiele:

Für Kinder bis drei Jahre:

Gehen Sie im Wald spazieren und lassen Sie Ihr Kind entscheiden, wo es langgeht.

Sie müssen im Wohnzimmer und im Kinderzimmer das Spielzeug wegräumen? Fragen Sie Ihr Kind, in welchem Zimmer Sie beginnen sollen.

Es gibt zum Abendessen Spaghetti mit Soße und Käse. Fragen Sie Ihr Kind, ob es Soße oder Käse oder auch keines von beiden haben möchte.

Für Kinder bis zehn Jahre:

Bitten Sie Ihr Kind, sich selbst Kleidung herauszusuchen.

Fragen Sie Ihr Kind, wie es seinen Nachmittag gestalten möchte.

Verlassen Sie den Raum, wenn es eine bestimmte Aufgabe erledigen soll: Zimmer aufräumen, Schultasche packen, Haare kämmen.

Bei Kleinkindern sollten Sie darauf achten, keine allzu große Auswahl zu lassen, denn das kann die Kleinen schnell überfordern. Auch die Sprache sollte entsprechend klar und einfach verwendet werden. „Möchtest du Spaghetti mit Soße?" – eine klare Frage, die eine Entscheidung abfragt. „Es gibt Spaghetti mit Soße und Käse. Wie möchtest du die Nudeln denn essen?" Eine solche Unterhaltung würde ein Kleinkind grundlos überfordern.

Geben Sie außerdem auch nonverbal das Gefühl, dass Sie Ihrem Kind vertrauen und das seine Meinung zählt. Wenn Sie bei einem Spaziergang ganz einfach dem Kind folgen, ohne seine Wegwahl zu kommentieren, demonstrieren Sie ein klares Vertrauen in die Handlungen des Kindes.

Arbeiten Sie zusammen mit Ihrem Kind und machen Sie deutlich, dass Sie bereit sind, seine Meinung zu akzeptieren, auch wenn Sie nicht die gleiche Meinung haben. „Du möchtest zuerst das Kinderzimmer aufräumen? Ich wollte im Wohnzimmer beginnen, aber dein Plan ist auch super."

Je älter das Kind wird, umso wichtiger ist eine direkte Kommunikation. Nehmen Sie sich die Zeit, Dinge zu besprechen. Vor allem dann, wenn es um große Entscheidungen geht. Gehen Sie nicht davon aus, dass Ihr Kind nicht versteht, was wichtig ist und was nicht. Ein sehr gutes Beispiel ist der Umzug in einen anderen Stadtteil oder gar eine andere Stadt – denn hier wird es zu einem Schulwechsel kommen. Viele Eltern treffen die Entscheidung über die neue Schule für das Kind allein. Sie schauen sich ein paar Schulen in der Nähe an und entscheiden dann, wohin das Kind nach dem Umzug gehen wird. Eine solche Situation bietet die perfekte Chance, das Kind in die eigene Erziehung einzubinden. Eltern können zum Beispiel eine Vorauswahl von drei Schulen treffen und das Kind dann zu den Besichtigungen oder Besprechungen mit der Schulleitung mitnehmen. Die Wahl der Schule sollte anschließend zusammen mit dem Kind getroffen werden. So fühlt es sich nicht nur gehört und ernst genommen, dieses Vorgehen wird auch dabei helfen, den Stress des Umzugs besser zu verarbeiten.

Mögliche Momente, um Kinder aktiv in die eigene Lebensgestaltung zu integrieren, sind für jede Familie anders gelagert. Wichtig ist, dass die Kinder nicht überfordert werden, sondern ein Rahmen geschaffen wird, der altersgerechte Entscheidungsmöglichkeiten bietet. Es ist auch zu bedenken, dass sich das Kind nicht immer entscheiden kann. Wenn es in einem Zwiespalt steckt, kann man zum Beispiel Entscheidungshilfen geben oder besprechen, dass diesmal die Wahl bei den Eltern liegt.

7.6 Genau hinsehen – Körpersprache bei Kindern deuten

Nicht nur das richtige Zuhören ist wichtig, um den Kindern ein gutes Selbstwertgefühl zu vermitteln. Vor allem kleine Kinder sind nicht immer in der Lage, verbal zu verdeutlichen, was sie möchten. Das bedeutet aber nicht, dass sie nicht kommunizieren. Um es mit den Worten des Psychologen Paul Watzlawick zu sagen „Man kann nicht nicht kommunizieren."

Wer hat den Kuchen gegessen?

> Jonas' Geburtstag ist im vollen Gange. Eine Horde Vierjähriger rennt aufgeregt durch die Wohnung und spielt Feuerwehr. Es ist an der Zeit, den Kuchen anzu-

schneiden, die ganze Truppe versammelt sich um den Tisch. Mama nimmt die Haube vom Kuchen und siehe da: „Wer hat sich hier ein großes Stück von der Torte genommen?" Mama schaut kurz in die Runde, und der Täter ist gefasst. Karo steht mit hängenden Schultern und gesenktem Kopf in der hintersten Reihe. Sie dreht sich weg und verlässt den Raum. Das Rätsel um den Kuchendieb war schnell gelöst, auch ohne ein Geständnis.

Karo hat hier also ganz unfreiwillig zugegeben, dass sie den Kuchen gegessen hat. Diese nonverbale Kommunikation funktioniert für Kinder und Erwachsene. Kinder haben sie jedoch weniger unter Kontrolle. Die nonverbale Kommunikation findet auf mehreren Ebenen statt:

- Mimik
- Gestik
- Berührung
- Körperhaltung
- Blickkontakt
- Bewegung

Experten gehen davon aus, dass rund 50 % der Gesamtkommunikation über die Körpersprache, Gestik und Mimik passiert. Da die Kinder die verbale Kommunikation noch nicht umfangreich beherrschen, nimmt die nonverbale Kommunikation einen besonders wichtigen Stellenwert ein. Das ist ein Grund dafür, warum sie oft überschwänglich auf scheinbar kleine Dinge reagieren. Wird ein Geschenk ausgepackt und das Kind hüpft vor Freude durch die Wohnung, ist das eine nonverbale Danksagung der allerhöchsten Stufe. Auch Handlungen spielen in dieses Kommunikationskonzept hinein. Wenn beschlossen wird, dass es jetzt zum Einkaufen in den Blumenladen geht und das Kind flitzt sofort los, um sich die Jacke anzuziehen, ist der Blumenladen ganz oben auf der Liste der Lieblingsgeschäfte.

Kulturell wird vor allem das Gestikulieren in Deutschland als schlecht angesehen. Man wird von Anfang an darauf gedrillt, die Körpersprache so gut es geht zu unterbinden. Vor Freude zu hüpfen ist zu wild, und mit dem Finger auf andere zu zeigen ist unfreundlich. Wer beim Sprechen viel gestikuliert, wird als unsicher und nervös abgestempelt. Dabei zeigen wissenschaftliche Studien auf, dass das Gestikulieren vor allem von überdurchschnittlich intelligenten Kindern aktiv praktiziert wird, denn es bietet eine erweiterte Kommunikationsdimension.

Ob ein Kind wütend, traurig, fröhlich oder genervt ist – es wird seinen Gefühlszustand nonverbal kommunizieren. Es gibt ein paar Gesten, die sehr leicht zu interpretieren sind:

- Lippen zusammenbeißen – wütend
- Stirn runzeln – wütend
- Kopf schütteln – ablehnend
- Geballte Fäuste – wütend
- Häufiges Blinzeln – nervös
- Zappelig – aufgeregt
- Große Augen – freudig, interessiert

Kleine, langsame Schritte deuten auf eine negative Emotion hin. Verlässt ein Kind den Ort des Geschehens unbemerkt, kann dies ebenfalls darauf hindeuten, dass es sich nicht wohlfühlt.

Zusammen mit der verbalen Kommunikation wird hier also ein klares Bild davon gezeichnet, wo sich ein Kind emotional befindet. Dies erleichtert es den Eltern, eine Situation richtig einzuschätzen. Fühlt sich ein Kind missverstanden oder übergangen, wird es das indirekt auch deutlich machen.

Wenn man gezielt darauf achtet, wie sich das Kind auf nonverbaler Ebene verhält, ist es leichter, bestehende Problembereiche zu definieren. Das hilft dabei, herauszufinden, wann das Kind in Entscheidungen aktiv einbezogen werden möchte. Vielleicht ist es ihm ganz egal, was es zum Mittagessen gibt, aber es möchte gerne mitreden, wie oft in der Woche Oma und Opa besucht werden.

8 Zusatzkapitel: 9 häufige Konfliktpunkte

Kinderziehung ist ein komplexes Thema. Jede Familie hat dabei ihre eigene Dynamik, und für jeden sind andere Schwerpunkte relevant. In diesem Zusatzkapitel werden im Kurzportrait neun Konfliktpunkte beschrieben, die in Familien häufig auftreten.

8.1 Mama, geht es dir gut? – Auch Eltern dürfen sich eine Auszeit nehmen

Ob Eltern denken, sie sind nicht gut genug oder es sich in den Kopf gesetzt haben, das beste Elternteil aller Zeiten zu sein – es ist keine Seltenheit, dass Eltern sich maßlos überfordern. Der Alltag ist oft von morgens bis abends darauf ausgelegt, den Kindern eine fantastische Zeit zu garantieren. Eltern backen noch vor der Schule frische Plätzen für den Basar und haben gleichzeitig schon die Zutaten für das Mittagessen vorbereitet. Sobald die Kleinen auf dem Schulhof abgesetzt sind, geht es in den Stoffladen, weil das Kostüm für Halloween genäht werden muss, und am Nachmittag wird dann für eine bevorstehende Party gebastelt. Eltern nehmen sich die Zeit, Hausaufgaben zu machen und für Mathetests zu lernen. Sobald die Schulaufgaben erledigt sind, fahren sie die Kinder zum Sport oder in die Musikschule. Und wenn dann am Abend endlich alle im Bett sind, verbringen sie ihre Zeit mit Online-Recherchen zu den neuesten Videospielen und Apps.

Es ist leicht, dabei zu vergessen, sich auch um sich selbst zu kümmern. Kulturell bedingt sind es vor allem Mütter, die einen Großteil der Erziehungslast übernehmen. Denn nicht nur die Kindersorge kommt hier zum Tragen, sondern auch ein Großteil der Aufgaben aus dem Haushalt. Das ändert sich häufig auch nicht, wenn sowohl Frau als auch Mann arbeiten gehen. Das Phänomen des Mama-Burnouts ist zunehmend in Familien vorhanden. Obwohl es natürlich auch Väter gibt, die ihr Herzblut geben, um die Familie am Laufen zu halten, sind sie davon wesentlich seltener betroffen. Unter anderem, weil die gesellschaftliche Erwartung an sie in ihrer Vaterrolle nicht so hoch ist – sie sind entsprechend eher vom Burnout am Arbeitsplatz betroffen.

Der einzige Weg, einer totalen Erschöpfung vorzubeugen, ist die Realisierung, dass man nach der Geburt eines Kindes nicht das Recht verliert, eine eigenständige Person zu sein. Man darf sich nicht darauf reduzieren, lediglich Mama oder Papa zu sein. Eine gesunde Selbstsorge ist nicht zu vernachlässigen. Wie diese aussieht, muss jeder individuell entscheiden. Ein einfacher Weg ist es, Zeit für ein Hobby zu haben – egal, ob Sport, Malen oder Tanzen – Hauptsache, es gibt die Möglichkeit, sich frei von Kind und Familie zu bewegen, um den eigenen Interessen nachzugehen.

8.2 Nicht alles muss erklärt werden – wenn Eltern sich um Kopf und Kragen reden

Eine anhaltende Kommunikation ist wichtig für jede Art von Beziehung. Dabei gibt es im Bereich der Kommunikation viele Möglichkeiten, Dinge falsch oder richtig zu machen. Neben dem bewussten und altersgerechten Kommunizieren mit Kindern fällt es vielen Eltern schwer, eine gezielte Ansprache zu praktizieren. Eltern neigen dann dazu, sich um Kopf und Kragen zu reden. Sie versuchen, dem Kind ihren Standpunkt deutlich zu machen. Sie erläutern, warum eine bestimmte Entscheidung getroffen wurde oder welche Konsequenzen sie vermeiden möchten.

In der Regel tritt dieses Verhalten immer dann auf, wenn das Kind entweder nicht mit der Entscheidung zufrieden ist oder die Eltern ein schlechtes Gewissen haben, diese Entscheidung zu treffen. Vielleicht gab es einen lang geplanten Familienausflug und der muss nun abgesagt werden, weil die Waschmaschine kaputt gegangen ist und das Geld für den Ausflug nicht mehr reicht. Um die Enttäuschung einzudämmen, wird lang und breit erklärt, warum der Ausflug nicht stattfinden kann. Oft wird dann um den heißen Brei geredet, weil die Realität – in diesem Fall das fehlende Geld – als unangenehm empfunden wird. Was sollen die Kinder nur denken? Dabei wäre eine kurze, präzise Aussage absolut ausreichend. „Wir können es uns leider nicht leisten, den Ausflug zu machen, wir brauchten das Geld, um die Waschmaschine zu ersetzen." Es ist nicht notwendig, anschließend die gesamte Finanzsituation der Familie zu besprechen.

Außerdem versuchen Eltern gern, ihr Kind davon zu überzeugen, dass die Entscheidung richtig ist. Sie wollen es sozusagen auf die eigene Seite ziehen. Dabei ist es absolut in Ordnung, dass man eine andere Meinung hat als das Kind und andersherum. Das Kind in den Alltag einzubeziehen und eine respektvolle Kommunikation aufzubauen bedeutet nicht, dass es immer seinen Willen bekommt. Es bedeutet auch nicht, dass so lange auf das Kind eingeredet wird, bis es zustimmt – hier geht es um einen Austausch auf Augenhöhe.

8.3 Eltern sind keine besten Freunde – Autorität behalten

„Mein Papa und ich sind beste Freunde!" Ein Satz, den jeder Papa gern hören möchte. Aber die Realität dieser Wahrnehmung ist im Alltag schnell ein Problem. Denn beste Freunde befinden sich in ihrer Konstellation auf einer anderen Ebene als es Eltern und Kinder tun. Zwischen besten Freunden gibt es keine Autorität – man befindet sich in allen Dingen auf absoluter Augenhöhe. So schön das klingen mag, für eine funktionierende Eltern-Kind-Beziehung ist diese Art des Umgangs kontraproduktiv.

Natürlich ist es erstrebenswert, eine offene, ehrliche und emotionale Bindung zum eigenen Kind aufzubauen. Eine solche Bindung ist sogar wichtig für eine gesunde Entwicklung des Kindes. Es muss sich zu jeder Zeit geborgen fühlen und wissen, dass es auf die Eltern zählen kann – in guten wie in schlechten Situationen. Gleichzeitig muss aber klar sein, dass es sich hier um eine ausgewogene, aber keinesfalls um eine gleichberechtigte Beziehung handelt. Vor allem während der Pubertät ist diese Abgrenzung relevant. Nehmen Kinder die Autorität ihrer Eltern nicht ernst, ist es leicht für sie, sich gegen deren Wünsche zu stellen.

Es wird keine absolute Harmonie zwischen Eltern und Kindern geben. Ein wichtiger Teil der Erziehung ist es, Konfliktsituationen mit den eigenen Kindern bestmöglich zu meistern, um ihnen dabei zu helfen, daraus zu lernen. Ein guter Weg, eine gleichwertige Beziehung zum Kind aufzubauen besteht darin, seine Wünsche, Ängste und Meinungen ernst zu nehmen. Gleichzeitig ist zu berücksichtigen, dass es ihm häufig an ausreichender Lebenserfahrung fehlt und dass es das Ausmaß möglicher Folgen noch nicht gut einschätzen kann. Es braucht also Schutz und Rückendeckung von den Eltern. Je älter ein Kind wird, umso mehr verschwimmen diese Grenzen. So ist es möglich, im Erwachsenenalter eine sehr tiefe und innige Beziehung mit den eigenen Kindern aufrechtzuerhalten. Um genau zu sein, ist es dann wichtig, als Elternteil seine Grenzen neu zu definieren und nicht konstant in das Leben der Kinder einzugreifen.

8.4 Wenn Papa schreit – den eigenen Frust auf Kinder abwälzen

Der Arbeitstag war lang, die Promotion wurde mal wieder an jemand anderen gegeben und außerdem hatte das Auto auf dem Heimweg einen Platten. Der Alltag kann stressig sein. Es gibt immer wieder ungeplante Probleme und Ereignisse, die belastend sind. Für Kinder haben alle diese Dinge wenig Bedeutung. Sie möchten einfach nur eine gute Zeit haben und möglichst viel Zeit mit Mama und Papa verbringen. Sobald sich also die Haustür öffnet und die Eltern endlich wieder daheim sind, möchten sie die ganze Aufmerksamkeit der Eltern haben. Eine solche Situation kann für Mama und Papa sehr belastend sein. Es ist schnell passiert, dass man sich im Ton vergreift. „Ich habe keine Zeit zu spielen, und hör endlich auf, auf dem Sofa zu springen!" Nicht selten wird die Stimme laut, und ehe man es sich versieht, hat man das Kind angeschrien.

Schreien ist eine destruktive Art der Kommunikation. Wir schreien dabei immer aus ähnlichen Gründen. Wir sind mit der Situation überfordert, wir sind emotional überladen oder uns gehen ganz einfach die Argumente aus. Wenn wir Kinder anschreien, kommen häufig mehrere dieser Dinge zusammen. Kleinigkeiten dienen dann als Ventil, den aufgestauten Frust abzulassen und zu schreien.

Kinder, die angeschrien werden, fühlen sich oft wertlos und klein. Das Selbstbewusstsein der Kinder wird angegriffen und ihnen wird suggeriert, dass sie nichts richtig machen können, dass sie es nicht verdienen, dass man vernünftig mit ihnen kommuniziert. Forscher gehen sogar davon aus, dass Kinder, die konstant verbaler Gewalt ausgesetzt sind, in ihrer Hirnentwicklung beeinflusst werden. Laut einer Studie des Department of Psychiatry von der anerkannten

Harvard Medical School in den USA gibt es physiologische Unterschiede zwischen Hirnen von Kindern, die verbalen Attacken ausgesetzt waren und solchen, die es nicht waren. Die Veränderungen befinden sich im Hirnareal, das für die Sprache und das Sprechen zuständig ist. Diese Kinder nutzen das Schreien im eigenen Leben außerdem häufiger als Kommunikationsmittel.

Unabhängig davon hat eine andere Studie des National Institute of Health aufgezeigt, dass Teenager, die angeschrien werden, dazu neigen, genau das Gegenteil zur gewünschten Handlung umzusetzen. Das Schreien ist also extrem ineffektiv.

8.5 Warum tust du mir das an? – Sich als Elternteil in der Opferrolle definieren

Es ist leider keine Seltenheit, dass Eltern die Handlungen ihrer Kinder als persönlichen Angriff wahrnehmen. Selbst bei sehr jungen Kindern kann es vorkommen, dass Eltern davon überzeugt sind, sie würden Dinge tun, um die Eltern absichtlich zu ärgern oder gar zu erbosen. Dies ist eine sehr erwachsene Sicht- und Denkweise, die auf die Handlungen der Kinder übertragen wird. Erwachsene sind dazu in der Lage, absichtlich schlechte, böse oder falsche Dinge zu tun, nur um jemand anderem eins auszuwischen. Um dies zu tun, ist jedoch eine Vielzahl von kognitiven Fähigkeiten notwendig. Man muss sich darüber im Klaren sein, dass das eigene Handeln eine bestimmte Auswirkung hat. Außerdem muss man verstehen, wen diese Auswirkungen in welcher Art und Weise beeinflussen. Und man muss bereit sein, die negativen Folgen seines Handelns zu akzeptieren.

Kinder sind selten in der Lage, so komplexe Zusammenhänge zu verstehen und danach zu handeln. Es ist nahezu niemals so, dass aus Gehässigkeit oder Boshaftigkeit gehandelt wird – auch dann nicht, wenn es sich so anfühlen mag. Denn wenn das eigene Kind zum zehnten Mal in einem Monat mit einem Zettel von der Schule heimkommt, weil es mal wieder im Unterricht gequatscht hat, geht es nicht darum, gemein zu den Eltern zu sein. Als Elternteil ist es dennoch leicht, hier in eine Opferrolle zu verfallen, da die Konsequenzen des Kindesverhaltens direkt auf die Eltern zurückfallen. Die Aufgabe der Eltern ist es herauszufinden, warum es diese Probleme gibt und wie diese zu beheben sind. Gibt es eine große Menge an immer wieder aufkommenden Problemen, kann man dazu neigen, diese persönlich zu nehmen.

Es ist wichtig, sich klar zu machen, dass vor allem die Handlungen von kleinen Kindern nahezu immer eine Reaktion auf die Umwelt und das Gelernte, Gesehene und Erlebte sind. „Warum machst du mir das Leben so schwer?" Eine solche Aussage kann belastend sein und das genaue Gegenteil von dem hervorrufen, was hier erreicht werden soll. Der Fokus sollte dabei niemals darauf liegen, ob ein Kind mit Absicht den Eltern oder anderen das Leben schwer machen will, sondern darauf, herauszufinden, was die tatsächlichen Gründe für sein Verhalten sind.

8.6 Dafür habe ich keine Zeit – die falschen Prioritäten setzen

Eltern planen große Geburtstagspartys mit Clowns und einer Eiscremebar. Zur Einschulung buchen sie Tische für 20 Personen im Restaurant, und an jedem Wochenende gibt es einen aufregenden Ausflug – viele Eltern versuchen, sich in Sachen Entertainment ständig selbst zu übertrumpfen. Es wird viel Zeit in die Planung investiert und es kostet jede Menge Geld. All die Arbeit und das viele Geld, das sollen die Kleinen auch zu schätzen wissen, denn viele Kinder bekommen diese Dinge nicht. Eine solche oder ähnliche Dynamik ist heute in immer mehr Familien anzutreffen. Denn die Gesellschaft sagt ihnen, dass sie ständig ihr Bestes zu geben haben. Vor allem dann, wenn es um die Kinder geht.

Jedoch hat diese Kultur des Strebens nach Mehr einen wichtigen Aspekt aus den Augen verloren. Kinder brauchen keine großen Partys und teuren Geschenke. Kinder brauchen vor allem Aufmerksamkeit und gemeinsame Zeit mit Eltern, Freunden und Verwandten. Liegt die Priorität nicht darauf, eine gesunde Beziehung mit dem eigenen Kind zu etablieren, werden die besten Feste wenig Eindruck auf die Kleinen machen. Anstatt Ballontiere zu basteln und aufwendig gestaltete Einladungen zu drucken, ist es zumeist besser, gemeinsam mit dem Kind ein paar Luftschlangen zu werfen und viel zu viel Glitzer auf die selbst gebastelten Einladungen zu kleben. Liegt der Fokus darauf, qualitativ hochwertige Zeit mit dem Kind zu verbringen, während der es die volle Aufmerksamkeit von Mama oder Papa bekommt, ist das die beste Grundlage für eine respektvolle Beziehung zueinander.

Kinder, die sich vernachlässigt fühlen und um echte Zeit mit den Eltern nahezu betteln müssen, haben ein geringes Selbstwertgefühl und neigen dazu, sich zurückzuziehen.

8.7 Mama kümmert sich um alles – keine Gleichberechtigung zwischen Partnern

Wenn Mama Nein sagt, dann wird Papa schon Ja sagen! Ein Szenario, das viele Kinder kennen. Auch in unserer modernen Welt ist die Erziehung der Kinder zum Großteil noch Frauensache. Papa ist für Spaß und Unterhaltung zuständig und Mama ist die Spaßbremse, die Regeln umsetzt. Aber auch in gleichgeschlechtlichen Partnerschaften ist es häufig so, dass es eine autoritäre Erziehungsperson gibt. Dies bedeutet, dass Kinder eine Person im Haushalt als die Haupterziehungsperson ansehen und die andere oft weniger ernst nehmen. Eine solche Situation kann zu Problemen auf allen Ebenen führen. Nicht nur das Verhältnis zwischen Eltern und Kindern hat dann viel Konfliktpotenzial, auch das zwischen den Elternteilen ist betroffen.

Im Idealfall wird die Erziehung der Kinder zu gleichen Teilen durch beide Elternteile gestemmt. In der Realität ist dies jedoch selten möglich. Gesellschaftliche Normen hindern Eltern daran, dies umzusetzen. Ein klassisches Beispiel dafür ist die Tatsache, dass der Elternurlaub nach der Geburt in der Regel ausschließlich von Müttern wahrgenommen wird. Kinder verbringen in den ersten Lebensjahren mehr Zeit mit der Mutter, was unweigerlich dazu führt, dass eine andere Bindung besteht als zum Vater. Im deutschen Kulturkreis gilt es daher, aktiv daran zu arbeiten, ein gleichberechtigtes Verhältnis zu schaffen. Eltern sollten sich über die Grundregeln der Erziehung im Klaren sein und diese auch unabhängig voneinander umsetzen. Das Kind sollte außerdem sehen, dass Entscheidungen zusammen getroffen werden. Weiß das Kind, dass es mit allen Anliegen zu beiden Elternteilen kommen kann, ist es leichter, einen harmonischen Familienalltag zu realisieren.

Im Zusammenhang mit der erzieherischen Gleichberechtigung ist es interessant, das Elternzeitkonzept Norwegens zu betrachten. Wer hier den gesamten gesetzlichen Anspruch geltend machen möchte, muss die Elternzeit auf beide Partner verteilen, ansonsten verfällt der Anspruch auf einen Teil der Zeit.

8.8 Zu wenig Körperkontakt – eine Umarmung tut immer gut

Im deutschsprachigen Raum ist es kulturell bedingt nicht verankert, einen intensiven Körperkontakt zu pflegen. Menschen umarmen sich nicht zur Begrüßung, küssen sich ungern in der Öffentlichkeit und haben sogar Angst, ihre Babys zu verwöhnen, wenn sie sie zu häufig herumtragen. Ein Grund dafür sind bis heute die Nachwirkungen der nationalsozialistischen Erziehungsansätze. Diese zielten darauf ab, emotionslose Soldaten zu erziehen, die eine möglichst lose Bindung zur Mutter hatten und eine starke Bindung zum Vaterland.

Heute ist nachgewiesen, dass der Körperkontakt für die Entwicklung von Kindern und für die Gesundheit von Erwachsenen eine wichtige Rolle spielt. Die Haut ist das größte Organ des Menschen und durch seine Berührung werden die sogenannten CT-Nervenbahnen stimuliert. Deren Aktivierung führt zur Ausschüttung des Glückshormons Oxytocin, und körpereigene Opiate werden leichter ausgeschüttet. Dies wiederum begünstigt den Abbau von Stresshormonen und verlangsamt sogar den Herzschlag – man fühlt sich einfach besser. Je besser man sich fühlt, umso besser kann der Körper regenerieren oder eben heranwachsen.

Kindern wird ein intensiver Körperkontakt oft verwehrt. Es gibt zu wenig Küsse und Umarmungen, und wenn sie im Bett kuscheln wollen, werden sie zurück in das eigene Bett geschickt. Ein Grund dafür ist die zunehmende Unsicherheit von Eltern, ob ihr Verhalten durch Außenstehende falsch interpretiert werden könnte. Sie haben Angst davor, dass jemand Missbrauch erahnt, wenn der Fünfjährige im Kindergarten erzählt, dass er am Wochenende bei den Eltern im Bett schlafen durfte. Ein anderer Grund ist der Mangel an Zeit. Auch wenn eine Umarmung keine lange Zeit in Anspruch nimmt, kommt sie oft einfach zu einem ungünstigen Zeitpunkt. Mama sitzt am Rechner und arbeitet, da kommt der kleine Tom an und möchte umarmt werden – oft nimmt sich Mama dann nicht die Zeit, zwei Minuten Pause zu machen, um dem Kind die gewünschte Aufmerksamkeit zu bieten.

8.9 Du hast es aber versprochen! – Auch Kinder leiden unter Enttäuschungen

„Wir gehen am Wochenende zusammen in den Park, versprochen!" Ein schnell dahingesagter Satz, wenn der Sohnemann mal wieder bettelt, dass er gerne draußen spielen möchte, aber man gerade keine Zeit hat. Wenn es dann endlich Wochenende ist, ist der Terminplan belegt mit Besuchen bei der Oma und einem Ausflug in den Zoo. Und wenn die Eltern dann völlig ausgelaugt am Sonntagnachmittag auf der Couch liegen, fällt dem Sohn ein, dass er doch mit Papa in den Park gehen sollte. Papa versucht, sich herauszureden und erinnert an den leckeren Kuchen bei Oma und die tollen Tiere im Zoo – aber ein Versprechen ist nun einmal ein Versprechen. Wenn es dann nicht nochmal für eine Runde in den Park geht, ist die Enttäuschung groß.

Für Eltern hat eine solche Situation womöglich wenig Bedeutung. Das Kind wird schon darüber hinwegkommen, immerhin wurde ja ganz viel Programm geboten. Erneut wird hier mit der Logik eines Erwachsenen argumentiert. Denn ein Erwachsener kann sich darauf einlassen, dass ein gemachtes Versprechen durch eine andere, gleichwertige Option ersetzt wurde. Für Kinder macht dieses Verhalten aber keinen Sinn. Sie fühlen sich im Stich gelassen und belogen.

Was Eltern falsch machen

Daher gilt es zu vermeiden, Versprechen zu machen, die man nicht einhalten kann. Auch dann nicht, wenn das Versprechen in diesem Moment dabei hilft, eine unangenehme Situation leichter zu umgehen. Wird einem Kind vorgelebt, dass leere Versprechen dabei helfen, seinen Willen zu bekommen, wird es dieses Verhalten mit Sicherheit imitieren, was auf kurz oder lang ein weiteres Problem kreiert.

Schlusswort

In diesem Buch wurde eine ganze Reihe von komplexen Themen angesprochen. Viele Bereiche greifen dabei ineinander. So ist es wichtig, Grenzen zu setzen und gleichzeitig die Wünsche von Kindern zu berücksichtigen. Es ist auch wichtig, genügend Zeit mit seinem Kind zu verbringen, ohne sich selbst zu vernachlässigen. Die verwendete Abgrenzung der einzelnen Fehler soll dabei helfen, die wichtigen Grundelemente einer guten und erfolgreichen Erziehung individuell zu definieren. Denn es gibt keine allgemeingültige Zauberformel, nach der Ihr Kind eine magische Kindheit ohne Hürden und Herausforderungen erleben kann. Auch Sie als Elternteil müssen sich darauf einstellen, dass es immer Momente geben wird, in denen Sie sich überfordert fühlen, unangemessen handeln oder in denen Sie sich wünschen würden, einfach im Boden zu versinken.

Der Wunsch danach, Fehler zu eliminieren, ist tief im Menschen verankert. Wer möchte schon gern etwas falsch machen? Aber dieses Buch möchte Sie nicht mit dem Gefühl zurücklassen, etwas falsch zu machen oder der Aufgabe nicht gerecht zu werden. Wenn Sie sich in einem oder mehreren der genannten Fehler wiederentdeckt haben, nehmen Sie nun einen positiven Denkansatz mit auf den Weg. Nehmen Sie jeden Fehltritt als eine Möglichkeit wahr, sich als Elternteil, als Partner und als eigenständige Person besser kennenzulernen. Nur so werden Sie in Ihrer Familie ein harmonisches Miteinander genießen, das sich auch durch das eine oder andere Erdbeben nicht erschüttern lässt.

Nach einer Zusammenfassung der wichtigsten Inhalte der einzelnen Kapitel werden die Fehler durch einen positiven Apell ersetzt, Dinge besser zu machen. Mit diesen sieben goldenen Regeln können Sie den Alltag von sich und Ihrer Familie jeden Tag ein wenig leichter gestalten.

Seien Sie mutig
Es gibt keinen Grund, sich vor der Aufgabe der Erziehung zu fürchten. Betrachten Sie jeden Tag mit Ihren Kindern als ein Geschenk und als ein Privileg. Vertrauen Sie auf Ihre eigenen Fähigkeiten und genießen Sie den Spaß und die Freude, die eine Familie in sich trägt.

„Eine der größten Entdeckungen eines Menschen, eine seiner großen Überraschungen, ist die Feststellung, dass er das tun kann, was er befürchtet hatte, nicht tun zu können."

Henry Ford

Lernen Sie aus Ihren Missgeschicken
Entziehen Sie sich der Idee, dass Eltern perfekte Menschen zu sein haben. Sie haben das gleiche Recht, Fehler zu machen, Dinge auszuprobieren und falsche Entscheidungen zu treffen, wie jeder andere auch. Lassen Sie das Ziel entgleiten, perfekt zu sein, und streben Sie an, die bestmögliche Version Ihrer selbst zu sein – für Ihre Kinder ist das ohnehin eine Perfektion in ihrer reinsten Form.

Feiern Sie Ihre Einzigartigkeit
Der ewige Blick in Nachbars Garten wird Ihnen nicht dabei helfen, sich in Ihrem eigenen Garten wohler zu fühlen. Konzentrieren Sie sich auf Ihre Stärken und die Freuden Ihrer Familie. Ob Sie eine alleinerziehende Mutter sind, erst mit 50 Vater geworden sind oder Karriere und Kinder balancie-

ren, niemand ist besser darin, für Ihre Kinder da zu sein, als Sie!

„... bei gleicher Umgebung lebt doch jeder in einer anderen Welt."

Arthur Schopenhauer (1788 - 1860), deutscher Philosoph

Behalten Sie einen klaren Blick auf die Realität
Auch wenn Ihr Kind für Sie der hellste Stern am Himmel ist, ist es wichtig, kein unrealistisches Bild von ihm oder ihr zu haben. Es ist nicht notwendig, Kinder auf Podeste zu heben, deren Anforderungen sie vielleicht nicht gerecht werden können. Lieben Sie Ihr Kind genau so, wie es ist. Lehren Sie Ihr Kind, auf sich selbst zu vertrauen und seine Schwächen wie Stärken zu akzeptieren.

Setzen Sie Grenzen
Praktizieren Sie eine grenzenlose Liebe und keine grenzenlose Erziehung. Geben Sie Ihrem Kind die Werkzeuge an die Hand, die es braucht, um sich in seiner Umgebung zurechtzufinden. Eines Tages können Sie nicht mehr danebenstehen und das Chaos Ihrer Kinder beseitigen. Grenze setzen heißt nicht, Kinder in ihrer Entwicklung einzuschränken. Es bedeutet, dass die Kinder lernen, ihre eigene Entwicklung besser zu steuern und zu verstehen.

Sprechen Sie die Sprache Ihrer Kinder
Praktizieren Sie auf allen Ebenen eine durchdachte und bedachte Kommunikation. Ob Sie verbal oder nonverbal kommunizieren – es ist wichtig, altersgerecht zu agieren. Eine gute Kommunikation kann viele Dinge ohne einen großen Aufwand lösen. Zugegeben, es bedarf viel Übung, aber das Resultat ist die Mühe wert.

„Reden lernt man nur durch reden"

Marcus Julius Cicero – römischer Schriftsteller und Philosoph

Packen Sie es gemeinsam mit Ihren Kindern an
Vertrauen Sie darauf, dass Ihre Kinder gute Menschen sind. Immerhin sind sie das Resultat Ihrer Erziehung. Sie sind in vielen Bereichen ein Ebenbild Ihres Handelns und Denkens. Fragen Sie Ihr Kind nach seinen Wünschen sowie Ideen und lassen Sie sich ruhig auf eine Meinungsverschiedenheit ein. So lernen Sie sich gegenseitig besser kennen und können gemeinsam die aufregende Reise des Erwachsenwerdens erleben.

Nun ist das Ende dieses Buches erreicht. Sie haben viele interessante Geschichten gelesen und ganz unterschiedliche Sichtweisen kennengelernt. Vor allem aber haben sie herausgefunden, dass jede Familie und jedes Elternteil seine ganz eigenen Herausforderungen zu bewältigen hat. Wo die einen darunter leiden, sich den gesellschaftlichen Erwartungen zu beugen, haben die anderen das Vertrauen in die eigenen Fähigkeiten verloren. Wieder anderen fällt es schwer, zielgerichtet zu kommunizieren.

Dieses Buch versucht zu helfen, einen klaren Blick auf die eigene Situation zu bekommen. Vielleicht haben Sie das eine oder andere Problem entdeckt, das sich auch in Ihrer Familie zeigt. Oder Sie haben eine Verhaltensweise erkannt, der Sie sich bisher gar nicht bewusst waren. Was es auch ist, das Sie in diesem Buch angesprochen hat, es dient Ihnen hoffentlich als Hilfe.

Abschließend soll noch gesagt sein, dass Sie stolz auf sich sein können. Es ist nicht leicht, sich mit den eigenen Fehlern auseinanderzusetzen – vor allem dann nicht, wenn es um ein so wichtiges Thema wie die Erziehung geht. Es ist nie zu spät, sich zu ändern. Wenn Sie die Dynamik in Ihrer Eltern-Kind-Beziehung verändern möchten, haben Sie mit diesem Buch den ersten Schritt in die gewünschte Richtung getan. Nutzen Sie die Übungen aus diesem Buch, um bestimmte Probleme ganz gezielt anzugehen. Dabei ist es immer möglich, die Ideen und Konzepte nach Ihren Wünschen anzupassen. Denn hier gibt es keinen falschen oder richtigen Weg.

Genießen Sie jeden Tag mit Ihrem Kind – denn die Zeit vergeht wie im Flug!

Gratis-Bonusheft

Vielen Dank noch einmal für den Erwerb dieses Buches. Als zusätzliches Dankeschön erhalten Sie von mir ein E-Book, als Bonus, und völlig gratis.

In diesem Bonus wird ein moderner Erziehungsansatz vorgestellt, der verstärkt Aufmerksamkeit erhält: Die sogenannte Bedürfnisorientierte Erziehung, auch als „Attachment Parenting" bekannt, hat sich in den vergangenen Jahren global als eine Alternative zu klassischen Erziehungsmodellen etabliert. Im Bonus erwarten Sie Einblicke in diesen Erziehungsansatz, mit Beispielen und Erfahrungen, die verdeutlichen, wie diese Art der Erziehung im Alltag funktionieren kann.

Wie Sie das Bonusheft erhalten können erfahren Sie auf der nächsten Seite:

Öffnen Sie ein Browserfenster auf Ihrem Computer oder Smartphone und geben Sie Folgendes ein:

bonus.katharinalowe.com

Sie werden dann automatisch auf die Download-Seite geleitet.

Bitte beachten Sie, dass dieses Bonusheft nur für eine begrenzte Zeit zum Download verfügbar ist.

Quellen

Andrea Maihofer, A.; Böhnisch, T.; Wolf, A. (2001): Wandel der Familie. Hans-Böckler-Stiftung.

Bundeszentrale für politische Bildung (2020): Alter der Mütter bei der Geburt ihrer Kinder. Abrufbar unter. https://www.bpb.de.

Deutsches Ärzteblatt Gmbh (2018): Weltweit fast jede zweite Schwangerschaft ungeplant. Abrufbar unter https://www.aerzteblatt.de/nachrichten/91608/Weltweit-fast-jede-zweite-Schwangerschaft-ungeplant.

Kitz, V., und Tusch, M. (2011). Psycho? Logisch! Nützliche Erkenntnisse der Alltagspsychologie. München: Heyne.

Landon, B. G., Waechter, R., Wolfe, R., & Orlando, L. (2017). Corporal Punishment and Physical Discipline in the Caribbean: Human rights and cultural practices. Caribbean Journal of Psychology, 9(1).

Liu, Y., & Merritt, D. H. (2018). Examining the association between parenting and childhood depression among Chinese children and adolescents: A systematic literature review. Children and Youth Services Review, 88, 316-332.

Pegrin, C., & Flora, J. (2019). Fostering social and emotional intelligence: What are the best current strategies in parenting?. Social and Personality Psychology Compass, 13(3), e12439.

Schultz, W. (2011). Wie sich Neuronen entscheiden. In: T. Bonhoeffer und P. Gruss (Hrsg.), Zukunft Gehirn. Neue Erkenntnisse, neue Herausforderungen (S. 83–105). München: C.H. Beck.

www.ingramcontent.com/pod-product-compliance
Lightning Source LLC
Chambersburg PA
CBHW071245070526
44583CB00017B/2338